UNE AFFAIRE
D'INCESTE

DU MÊME AUTEUR

Le Grand Paris.
Marie de Médicis, Fayard 1981.
Richelieu, Fayard 1983.
Le Mobilier urbain, PUF 1984.
La France de Richelieu, Complexe 1985.
Le Siècle de Richelieu, Hachette 1986.

MICHEL CARMONA

UNE AFFAIRE D'INCESTE

Julien et Marguerite de Ravalet

Librairie Académique Perrin
8, rue Garancière
PARIS

© Librairie Académique Perrin, 1987.
ISBN : 2-262-00460-9

Première partie

L' « AFFAIRE »

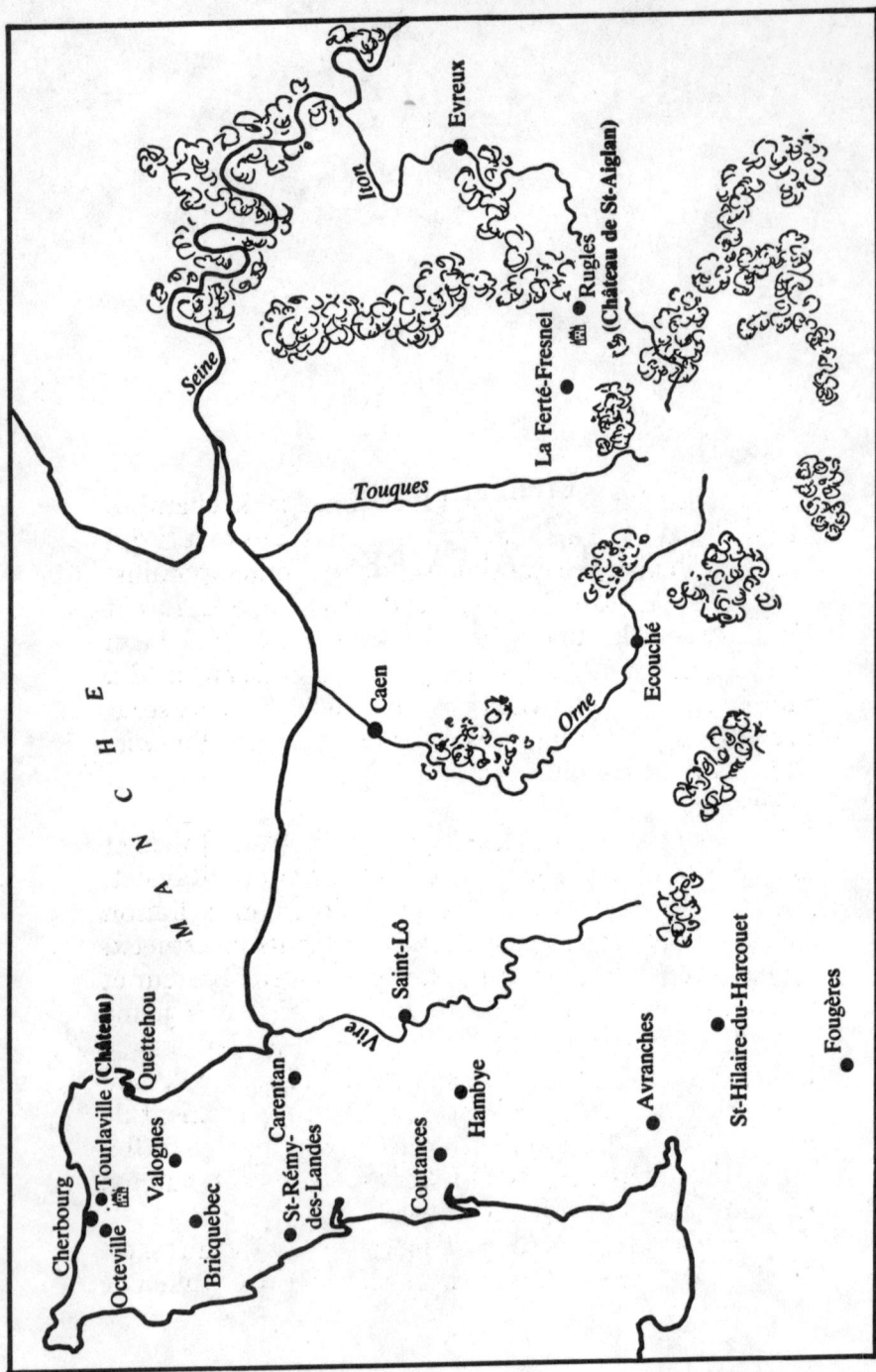

MANCHE

Cherbourg
Octeville
Tourlaville (Château)
Quettehou
Valognes
Bricquebec
St-Rémy-des-Landes
Carentan
Coutances
Hambye
Saint-Lô
Avranches
St-Hilaire-du-Harcouet
Fougères

Vire
Touques
Seine
Iton
Orne

Evreux
Rugles
(Château de St-Aiglan)
La Ferté-Fresnel
Caen
Ecouché

Décembre 1603. Pierre de l'Estoile, valet de chambre du roi Henri IV, Parisien, et curieux des faits divers qui émaillent l'existence quotidienne de ses contemporains, note dans son *Journal* : « Le mardi 2 de ce mois, furent décapités en la place de Grève à Paris, un beau gentilhomme normand, riche (ainsi qu'on disait) de dix mille livres de rente, nommé Tourlaville, avec sa sœur fort belle, âgée de vingt ans environ, et ce pour l'inceste qu'ils avaient commis ensemble. »

L'arrestation à Paris le 9 septembre 1603 de Julien et Marguerite de Ravalet, fils et fille de Jean de Ravalet, seigneur de Tourlaville, a révélé à l'opinion la liaison passionnée et scandaleuse des deux amants incestueux. Les sentiments du public se partagent entre l'horreur et la compassion. Elle, malheureuse, mariée très jeune — trop jeune : treize ans et demi — à un barbon de trois fois son âge, triste sire soupçonneux et brutal. Lui, jeune gandin, plus frivole que profond. Au moment de leur arrestation, il avoue vingt et un ans, elle en a dix-sept. Ils sont jeunes, ils sont beaux, ils sont amoureux, ils sont de noble naissance.

Avec leur interpellation, la mécanique judiciaire s'est ébranlée, efficace et bien huilée. Marguerite et Julien de

9

Ravalet pouvaient-ils échapper à la peine capitale ? Affaire de circonstances, de temps, et d'opportunité. Peut-être aurait-il fallu que le destin leur accorde un peu de chance ; celle-ci leur fit défaut. En cette tragique partie de pile ou face, c'est la mort qui rafle la mise, conduisant les deux amoureux sur l'échafaud dressé place de Grève à Paris, au soleil hivernal du 2 décembre 1603, et faisant de l' « affaire Ravalet » l'une des affaires judiciaires les plus marquantes de notre histoire de France.

CHAPITRE PREMIER

BEAUTÉ ET JEUNESSE

L'irrésistible ascension des Ravalet

Rien ne semblait prédisposer la famille Ravalet à pareille célébrité de mauvais aloi.

Originaires d'Aunis et de Saintonge — les Charentes actuelles — les Ravalet se sont établis d'abord à Fougères. En cette période troublée, Français et Anglais n'ont pas encore fini d'en découdre. L'année 1429 est marquée par la glorieuse équipée de Jeanne d'Arc. La pucelle de Domrémy a obtenu, début février, du capitaine de Vaucouleurs, une petite escorte chargée de l'accompagner à Chinon où réside Charles VII, le dérisoire « roi de Bourges », menacé de tout perdre si les Anglais parviennent à enlever Orléans qu'ils assiègent depuis de longs mois déjà et dont la chute mettrait à la merci de l'adversaire ses pauvres domaines du Berry et de la région de Blois-Chinon.

Arrivée à Chinon, Jeanne d'Arc reconnaît Charles VII, sans l'avoir jamais vu auparavant, dans la grande salle du château, au milieu des courtisans parmi lesquels il s'était dissimulé. Convaincu de la réalité de la mission divine de Jeanne, Charles VII lui confie sa dernière armée, basée à Blois. Jeanne d'Arc, avec l'avant-garde des troupes, force le blocus anglais et

11

entre triomphalement à Orléans le 29 avril. Le 8 mai, les Anglais lèvent le siège. Jeanne d'Arc vole de victoire en victoire. S'emparant successivement de Jargeau, de Meung et de Beaugency, elle libère l'Orléanais de l'occupant anglais, qui est écrasé le 18 juin lors de la bataille décisive de Patay.

Malgré les hésitations de Charles VII et de ses conseillers « politiques » — et timorés — Jeanne d'Arc persuade le roi de Bourges de tenter l'aventure d'une expédition sur Reims. Pourquoi Reims ? Parce que c'est là qu'est gardée la Sainte-Ampoule dont l'huile sainte, dans les cérémonies du sacre, confère aux rois la seule légitimité unanimement acceptée par tous les peuples qui composent cette marqueterie appelée le royaume de France. La chevauchée du sacre quitte Gien le 29 juin. Elle se transforme en une simple promenade militaire. A l'approche de Jeanne, les villes tombent sans coup férir : Troyes se rend le 10 juillet, Châlons-sur-Marne le 14, Reims le 16. Le 17 juillet, Charles VII est sacré roi de France.

Jeanne d'Arc veut foncer sur Paris, mais la pusillanimité des conseillers de Charles fait perdre un temps précieux. Lorsque Jeanne d'Arc obtient enfin l'autorisation tant de fois sollicitée, les Anglais ont eu le temps de renforcer la garnison et l'assaut tenté le 8 septembre échoue devant la porte Saint-Honoré. Charles VII ordonne la retraite et l'armée royale est dissoute à Gien les 21 et 22 septembre 1429.

La guerre est le métier des Ravalet qui, au surplus, sont patriotes. A peine âgé de dix-neuf ans, en 1429, Jean Ier Ravalet s'est engagé avec enthousiasme dans l'armée de Jeanne d'Arc. Il a participé vaillamment aux campagnes d'Orléans, de Reims et de Paris, où il gagne le titre envié d'écuyer. Au printemps de 1430, Jean Ravalet répond encore « présent » lorsque Jeanne lève une nouvelle armée. On va de coup de main en coup de

12

main : Melun, Lagny, Senlis en avril, puis Compiègne le 23 mai 1430. Là s'achève l'extraordinaire aventure militaire de Jeanne d'Arc. Au soir du 23 mai, Jeanne tente une sortie. L'affaire tourne mal, ses compagnons refluent en désordre, abandonnant Jeanne prisonnière.

Jean Ravalet quitte l'armée et part s'établir à Cherbourg ; c'est là que lui parviendront les échos de l'inique procès fait à Jeanne d'Arc par Pierre Cauchon, évêque de Beauvais, et de la mort de l'héroïne sur le bûcher de la place du Vieux-Marché à Rouen, le 30 mai 1431.

En 1433, Jean Ier Ravalet se marie avec une jeune Cherbourgeoise de bonne famille, Bonnette Le Berseur. Il se donne des armes : « D'azur à la fasce d'argent, chargée de trois croisettes de gueules et accompagnées de deux croissants d'argent en chef et d'une rose du même en point. »

Le jeune couple salue, en 1434, la naissance d'un fils, Charles. Page de son père à l'âge de quinze ans, il devient, un an plus tard, archer dans une compagnie d'ordonnance. La guerre, toujours la guerre. Les Ravalet sont de loyaux sujets du roi de France. Charles sert tour à tour Charles VII, Louis XI, Charles VIII. Il se mariera la cinquantaine bien comptée, en 1486, épousant une demoiselle de la région de Cherbourg, Perrine Phrasie Daragon, qui lui donne deux fils, Michel et Julien.

En 1521, il achète pour son cadet, Julien, la seigneurie (les Normands disent la « sieurie ») de Baudretot, et marie son garçon à Guillemine Lelièvre. Il meurt à la fin de l'été 1524, ayant atteint l'âge exceptionnel pour l'époque, de quatre-vingt-dix ans ! Un solide gaillard, à l'évidence, qui a su mener habilement l'ascension des siens.

Peu après la mort du père, Julien de Baudretot devient sieur de Sideville, et se fait appeler désormais Julien *de* Ravalet.

Avec Julien de Baudretot, on dirait que les vertus familiales se dissipent. Seigneur oisif et instable, gros mangeur et grand buveur, ambitieux et querelleur, il passe son temps en noises stériles avec les paysans et les hobereaux ses voisins.

En 1520, il a eu un fils, Jean, qui, à son tour, a eu trois fils, Julien Ier, né vers 1542, Michel vers 1545, et Jean III, né vers 1550. Julien et Michel sont aussi bagarreurs que leur grand-père. Seigneurs bruyants et hautains, ils commettent de nombreuses atrocités qui provoquent, un jour, une véritable révolte des paysans, soulevés aux cris de : « Au Ravalet ! »

Le bon abbé de Hambye

Charles de Ravalet avait un fils aîné, Michel, né vers 1488. On ne sait s'il se maria. Toujours est-il qu'il reconnut trois fils dont le deuxième, Jean II de Ravalet, à la différence de la branche cadette des Ravalet-Sideville, semblait avoir rassemblé dans sa personne toutes les grâces possibles de la nature humaine. Né vers 1533 à Cherbourg, il était beau, énergique, lettré et vertueux.

Ayant fait de bonnes études au collège de Coutances puis à celui de Valognes, il apprend les langues anciennes à l'université de Caen où il se distingue aussi en droit civil, en droit canonique et même en mathématiques. Après quatre années de théologie, il gagne le bonnet de docteur.

Il a vingt-six ans quand, en 1559, il reçoit la prêtrise à Coutances. L'évêque de Coutances lui fait avoir, la même année, la cure de Saint-Martin-des-Champs, dans l'actuel canton d'Avranches. Quelques mois auparavant, une très grande dame de la région, la duchesse d'Estouteville l'avait choisi comme secrétaire, avant de

14

faire de lui son conseiller, puis l'intendant de ses domaines du Cotentin. La faveur de la famille d'Estouteville lui vaut d'obtenir en 1561 (il a vingt-huit ans seulement) l'abbaye bénédictine de Hambye ; Jean II renonce à la cure de Saint-Martin-des-Champs. L'année suivante, les d'Estouteville lui font donation de la terre de Tourlaville. L'acte authentique est passé le 1er mai 1562.

Le manoir de Tourlaville est, dans la pyramide féodale, ce que l'on appelle un fief-ferme. C'est une terre seigneuriale très ancienne, à six kilomètres à l'est de Cherbourg. On trouve mention d'un château de Tourlaville dès les années 780.

Quand Jean II de Ravalet, abbé de Hambye, en prend possession quelque 800 ans plus tard, le donjon tient toujours mais le reste du manoir n'est plus que ruines. Jean II garde le donjon et abat le reste pour faire construire un château qui existe toujours.

Il en a fait lui-même les plans. Manquant de matériaux, il en a demandé à des voisins. Parmi eux, le sieur Gilles de Gouberville, à qui l'on doit un pittoresque *Journal*, et qui se montre des plus obligeants. Les tapisseries, les meubles et la décoration sont exécutés par un artiste menuisier en renom de Caen, Jean Lefebvre. En 1563, la construction est terminée. Jean II poursuit les aménagements, gère ses domaines, et gagne l'estime de tous par son esprit de justice et de charité.

Il n'a garde de négliger l'abbaye de Hambye, dont il restaure les bâtiments et qu'il administre avec sagesse, portant ses revenus à 4 500 livres. On lui doit un cloître et une salle capitulaire de belles proportions. Mais sa carrière religieuse ne s'arrête pas là. En 1563, Jean II devient chanoine de la cathédrale de Coutances, en 1573 il est élevé à la dignité de grand-chantre de la cathédrale dont il devient, en 1579, vicaire général.

Au milieu de toutes ces occupations, qui lui valent de

15

fréquents déplacements entre Coutances, Hambye, Tourlaville et une quatrième résidence, le manoir du Rozel, Jean II trouve cependant, et le temps d'étudier, et celui de s'occuper de sa famille.

Il aime visiblement beaucoup ses frères, Jacques Ier, l'aîné, et Nicolas, le benjamin.

En 1562, Jean II obtient pour Jacques l'office de procureur des Eaux et Forêts du Cotentin, en 1565 l'office de garde des Sceaux de la baronnie de Bricquebec.

Pour Nicolas, il fait accorder la terre de Nonainville, dans l'actuel canton d'Octeville.

Jacques de Ravalet, tout jeune encore, avait épousé Jeanne d'Yvetot, fille de Jean d'Yvetot, archer de Cherbourg. Un premier enfant leur était né en 1550, un fils, prénommé Jean. Il sera Jean III de Ravalet et il aura pour parrain l'abbé de Hambye.

Haut et puissant seigneur de Tourlaville

Jean III est le digne neveu de son oncle, cultivé, rigoureux, digne de mœurs. En 1575, il a vingt-cinq ans ; Jean II lui donne Tourlaville, le château, le domaine, les droits seigneuriaux qui leur sont attachés, et le marie à Madeleine de la Vigne.

La maison natale de Jean III à Cherbourg a été reconstruite en 1569-1570. Sur la porte, trois inscriptions : « Un seul Dieu surtout », « Ton prochain comme toi-même », et « *Pietate et Justitia* — Se taire ou bien dire ».

Les de la Vigne sont une grande famille normande. Le mariage avec Madeleine sera un mariage heureux.

La guerre, hélas, est toujours présente. Cette fois, c'est la religion qui sert de détonateur. Jean III, dès l'âge de vingt ans, prend part à ses premiers combats. Il

sert dans les troupes de Renaud de Matignon, gouverneur de Normandie — un légitimiste, qui lutte à la
fois contre les calvinistes et contre les Ligueurs ultra-
catholiques. En 1574, Jean III se distingue au siège
de Saint-Lô.

Quand il épouse Madeleine, l'année suivante, Jean
III a vingt-cinq ans, Madeleine dix-neuf. Elle est
pieuse, instruite, et possède des goûts artistiques pro-
noncés. Ils auront huit enfants, quatre garçons —
Jean IV, Philippe, Julien II, Jacques II — et quatre
filles — Marguerite, Gabrielle, Guillemette et Madeleine. Elle tiendra à s'occuper elle-même de l'éducation de chacun d'eux.

En 1579, le 18 décembre très exactement, Jean III
se met d'accord avec Julien de Baudretot pour obtenir le droit de s'appeler désormais « de Tourlaville ».

Que s'est-il passé au juste ? Les membres de la
branche de Ravalet-Sideville dont Julien de Baudretot
est le chef sont décidément des violents, des frénéti-
ques. Ils sont chefs de bande, ligueurs, assassins.
L'un d'eux, Michel de Ravalet, curé de Breuville,
s'attire ce jugement dans le *Journal* de Gouberville :
« Homme mutin et faisant plutôt profession d'armes
que de curé d'église. » Des rixes multiples opposent
les Ravalet-Sideville aux seigneurs du voisinage. Le
4 juin 1579, l'une d'elles tourne mal : Michel de
Ravalet, le curé bagarreur, est tué d'un coup d'épée.
C'est à la suite de ces événements que Jean III de
Ravalet, appuyé par l'oncle Jean II, abbé de Hambye, décide de changer de nom pour porter désormais
celui de Tourlaville.

En cette époque de violence, on se demande parfois
comment la vie peut continuer. Les calvinistes outra-
gent l'évêque de Coutances, qu'ils coiffent d'une mitre
de carton avant de le promener de village en village,
la bouche remplie de paille, juché sur un âne.

17

En représailles, les catholiques transpercent deux seigneurs protestants avec des broches.

Les calvinistes se vengeront à leur tour en saccageant le couvent des Cordeliers.

Jean II de Hambye, lui, multiplie les actes de charité. En 1577, il donne l'une de ses terres, le domaine de la Bucaille, à l'hospice de Cherbourg. En janvier 1586, il fait don d'une autre terre aux Cordeliers de Valognes. Quelques mois plus tard, il fonde la Charité de Coutances. En 1587, il rétablit à ses frais les canaux de Cherbourg. En 1588, il fait don de 1 500 livres pour construire la chapelle du collège de Coutances.

Pendant ce temps, Madeleine, la femme de Jean III de Tourlaville, lisait le *Roman de la Rose* et les poètes de la Pléiade. A sa fille Marguerite, elle donne des leçons de luth et de théorbe, lui enseignant à danser le passe-pied et le branle-gai avec son frère Julien pour partenaire.

Jean III apprend au même Julien l'équitation, le tir à l'arquebuse et au pistolet, l'escrime. Marguerite aussi monte très bien à cheval.

Jean II, l'abbé de Hambye, discerne en Julien des dons intellectuels précoces ; le jeune homme sera donc d'Église, et l'abbé de Hambye se prépare à lui abandonner ses prébendes quand le jour viendra de passer la main.

Julien et Marguerite

Julien et Marguerite sont très beaux. Julien est né en 1582 au château de Tourlaville. A dix ans, il est déjà fou de sa petite sœur Marguerite née en décembre 1586, toujours à Tourlaville.

Entre le frère et la sœur, tout le monde note une extraordinaire ressemblance. Ils ont les mêmes cheveux

18

châtain clair, presque blonds, le corps svelte, le regard ouvert et droit.

Aimables et plaisants, ils assistent à tous les événements du manoir de Tourlaville. Ils sont là quand des voisins et amis viennent voir leurs parents, le sieur de Gouberville, par exemple. De même, on reçoit souvent la visite du tailleur, un natif de Tourlaville nommé Robert Agnès. Certains dimanches, Jean III tient sa cour féodale. Julien est habillé en damoiseau, Marguerite en damoiselle. Que la vie semble belle !

On est nombreux au château. Frères, sœurs, domestiques, servantes. Dans les vastes pièces si froides l'hiver, on dort à plusieurs, joyeusement entassés sur des paillasses ou des couvertures — les lits sont réservés aux parents et aux enfants Ravalet. Julien et Marguerite ne se quittent guère. Les sentiments qui les unissent amusent et attendrissent les parents, les proches, la domesticité. Jusqu'à l'âge de douze ans et huit ans, ils couchent dans le même lit.

Mais avec l'adolescence arrive le temps de la séparation. Julien est grand, il doit recevoir une éducation plus poussée que celle que peut dispenser sa mère, si cultivée soit-elle. On l'envoie au collège de Coutances.

La mélancolie dans laquelle le départ de Julien plonge la pauvre Marguerite n'échappe à personne. La petite s'abîme dans la lecture. Plus rien ne l'amuse. Espérant la distraire, on la conduit un jour à une grande fête qui se donne à Carentan pour le mariage de sa petite-cousine, Madeleine-Marguerite de Ravalet, avec Jean Le Faulconnier, receveur des tailles. Marguerite est très belle. Parmi les invités, un homme, pas très expansif, la quarantaine, un peu grisonnant, remarque l'adolescente. Il s'appelle Jean Lefebvre, et il est le neveu du receveur de la vicomté de Valognes.

Marguerite ne pense qu'à Julien, qui semble, au contraire, prendre quelques distances avec la petite sœur — Coutances, c'est la ville, il y a le collège, les copains, les distractions viriles. Quand Julien revient au château de Tourlaville, durant l'automne 1598, on pourrait croire que la simple amitié a remplacé les sentiments très forts d'autrefois.

La famille et tous ceux qui l'entourent remarquent ce changement ; on remarque aussi à quel point la beauté des deux jeunes gens s'est affirmée, accrue. Julien a seize ans, Marguerite douze.

En quelques jours, Marguerite reconquiert son frère. Peut-être est-ce alors qu'ils franchissent le pas et deviennent amants. Les parents, en tout cas, le soupçonnent, s'en alarment et font appel à l'abbé de Hambye. Celui-ci passe quelques semaines à Tourlaville pendant l'hiver 1598-1599. Il observe, se persuade vite que les parents ont raison de s'inquiéter, mais leur conseille de ne rien brusquer et de laisser agir le temps.

L'abbé a soixante-six ans. Il songe que le moment approche où il faudra préparer Julien à sa succession. Pourquoi ne pas le faire tout de suite ? Peut-être pense-t-il aussi qu'en faisant entrer Julien dans le monde des adultes on le détachera plus aisément de la petite Marguerite.

Toujours est-il que l'abbé de Hambye donne à son petit-neveu, dans le canton de Quettehou, la terre d'Arreville, dont Julien prend le nom. Il lui « sert les fruits » — c'est-à-dire les revenus — de sa prébende de Coutances. Julien, du jour au lendemain, se retrouve riche ; avec 12 000 livres de rentes, il a largement de quoi mener la vie des jeunes seigneurs de son temps, aimant les plaisirs, la bonne chère et les parures luxueuses.

Le calcul de l'abbé de Hambye semble s'avérer juste. Julien se dissipe dans les fêtes ; oubliée, Marguerite ! Celle-ci, de son côté, commence à faire tourner les têtes des beaux partis de la région, et ils sont nombreux. Le plus en vue parmi eux est Nicolas Jallot, fils du seigneur de Saint-Rémy-des-Landes.

Arrive le printemps 1599. L'abbé est reparti à Hambye. Les parents de Julien et Marguerite, tout d'un coup, s'affolent ; leurs craintes quant à la vraie nature des liens entre le frère et la sœur grandissent. Ils alertent l'abbé de Hambye. Il faut absolument éloigner Julien, et vite. L'abbé mande le jeune homme, lui ordonne de partir faire sa théologie au collège de Navarre, à Paris. Sans lui laisser le temps de souffler, il expédie Julien sur la route de la capitale, nanti de deux missives : une lettre de l'abbé de Hambye au principal du collège, une recommandation du père Jean III de Ravalet à Bassompierre, l'un des favoris d'Henri IV. Marguerite, à Tourlaville, pleure, brisée de douleur.

CHAPITRE II

L'ÉCOLE DU SCANDALE

Dans la grande ville

Paris ! C'est dans une cité enfin pacifiée que Julien de Tourlaville fait son entrée. Ville populeuse et turbulente, capitale et cœur du royaume, pour qui le bon roi Henri IV a fait le grand saut, sa conversion au catholicisme, le 25 juillet 1593 à Saint-Denis : « Paris vaut bien une messe. » Henri IV a repris possession de sa capitale le 22 mars 1594, sur les talons de la garnison espagnole que l'esprit partisan avait fait venir pour fortifier la résistance des Parisiens ultra-catholiques contre un roi dont le plus grand tort était d'être protestant. Ensuite, les événements se sont précipités. En 1595, la guerre a été officiellement déclarée à l'Espagne. Après des hauts et des bas, elle a conduit à la signature le 2 mai 1598 d'un traité de paix, le traité de Vervins, qui boute les Espagnols hors de France et consacre l'indépendance retrouvée du royaume des lys. Trois semaines plus tôt, le 13 avril 1598, l'édit de Nantes avait ramené la paix religieuse entre Français, une paix fondée sur les idées insolites en ce temps-là de tolérance et de liberté de conscience.

Allons, il est grand temps de rebâtir la France. Avec l'aide de son principal ministre, le grincheux mais efficace Sully, remarquable bête de travail, Henri IV s'y emploie activement. Rétablir la sécurité, encourager l'agriculture, le commerce et l'industrie naissante, refaire les routes et les ponts, creuser des canaux, consolider la monnaie, limiter les dépenses de l'État et, par conséquent, les exigences du fisc. Un vaste programme de redressement est lancé, dans l'enthousiasme d'une véritable fièvre de faire, de conquérir et d'apprendre, sous la férule bonhomme du Vert Galant.

Dans un Paris qui compte alors quelque 250 000 âmes, on reprend les travaux interrompus par la guerre civile — ceux du Pont-Neuf, par exemple, qui ont démarré en 1578, mais se sont ensuite arrêtés pour de longues années. Quand Henri IV décide, en 1599, d'en achever la réalisation, les piles ne s'élèvent encore que de deux mètres au-dessus des fondations et les deux seules arches qui avaient pu être construites se sont en partie éboulées.

L'hôtel de la ville, lui aussi, reste inachevé. Certes, les travaux touchent à leur fin, mais la guerre et le manque d'argent ont jusqu'ici empêché les édiles de les mener à leur terme. Il y faudra encore quelques années d'effort.

Dans l'espace resserré que délimitent les murailles de Paris — 16 kilomètres de tour, alors que le boulevard périphérique qui entoure le Paris actuel des vingt arrondissements compte 48 kilomètres — les rues sont calculées au plus juste : 2 mètres de large pour la plupart. Les carrosses importés d'Italie qui commencent à faire leur apparition sont trop larges pour pouvoir se croiser dans ces étroites venelles.

Pendant les troubles des guerres de Religion, la ville a dû accueillir de nombreux réfugiés qui ont porté, un moment, sa population à 400 000 habitants. Il a fallu surélever les maisons (les constructions de 4 étages se multiplient) ou recourir à des expédients (les encorbellements par exemple permettent de gagner un peu d'espace au-dessus de la voie, mais ils ont l'inconvénient de bloquer la circulation de l'air).

Insalubrité et insécurité, tels sont les deux grands problèmes de Paris, à l'image des autres villes du temps, mais amplifiés, sans aucun doute, par le nombre et l'entassement. Chaque été ramène, avec les miasmes qu'exhalent les déchets divers déversés sans vergogne dans les rues, la grande peur des fièvres et des épidémies de toutes sortes. Dès Pâques, les personnes de qualité, à l'instar du roi lui-même, gagnent la campagne pendant qu'on aère leurs demeures parisiennes. On reviendra après Pâques, mais ce sera pour fuir à nouveau la ville dès l'arrivée des grandes chaleurs ; qui n'a pas sa villégiature, son château en Île-de-France, dans la vallée de la Loire, ou parfois aussi dans une province plus lointaine ? L'encombrement favorise les incendies, véritable cauchemar dans un univers de maisons principalement construites en bois, où le manque d'eau ne permet guère une lutte efficace contre le feu. Et quand la nuit tombe, Paris est livrée aux malandrins, bandes de truands organisés en quête d'un mauvais coup, étudiants en goguette, généralement éméchés et avides de soutenir la réputation de polissonnerie solidement attachée à leur honorable corporation.

Au royaume des écoliers

Paris, c'est en réalité trois villes en une. Sur la rive droite, la *Ville* proprement dite, qui suit la Seine de l'aplomb de l'île Saint-Louis jusqu'aux guichets du Louvre, rejoint la porte Saint-Honoré, puis la porte Montmartre, où elle rattrape la ligne des grands boulevards actuels : boulevards Saint-Denis, Saint-Martin, du Temple, des Filles-du-Calvaire et Beaumarchais avant de rejoindre la Bastille, verrou de Paris vers l'est, et l'Arsenal.

Au milieu de la Seine, l'île de la *Cité*, berceau historique de Paris, qui abrite fièrement la cathédrale Notre-Dame et l'ancien Palais des rois de France devenu Palais de Justice. Celui-ci offre déjà à cette époque, le long de la Seine, la vue qui nous est aujourd'hui familière, avec, d'aval en amont, les deux grosses tours rondes de la Conciergerie auxquelles succède la tour carrée de l'Horloge. Du côté du boulevard du Palais, la physionomie des bâtiments a changé bien davantage : à la place de l'austère façade actuelle s'ouvrant sur l'escalier d'honneur qui conduit à la salle des pas perdus, s'élève une rangée de maisons et de boutiques interrompue par deux portes flanquées de tours, par où l'on accède à la Cour de Mai où se dresse la Sainte-Chapelle construite par Saint Louis.

Reliée à la rive droite par le pont au Change et le pont Notre-Dame, l'île de la Cité donne, par le pont Saint-Michel et le Petit-Pont, sur la partie rive gauche de Paris qui forme le quartier de l'*Université*. Beaucoup moins étendu que ceux de la rive droite, le quartier universitaire, ou quartier Latin, est protégé par une enceinte bâtie sous Philippe Auguste et remaniée au temps de Charles V. Elle part, à l'est, du pont de la Tournelle et décrit jusqu'à la tour de Nesle, face au Louvre, un demi-cercle presque parfait qu'échancrent sept ouvertures : de l'est vers l'ouest, ce sont les portes Saint-Bernard, Saint-Victor, Saint-Marcel, Saint-Jacques, Saint-Michel, Saint-Germain et de Buci. Une seule grande artère traverse le quartier, la rue Saint-Jacques ; partant du Petit-Pont, elle escalade la montagne Sainte-Geneviève et, par la porte Saint-Jacques, ouvre la route d'Orléans. Au-delà des murailles s'étendent le faubourg Saint-Marcel, spécialisé dans les toileries et peausseries, le faubourg Saint-Germain aux nombreux monastères entre lesquels on peut admirer, çà et là, quelques beaux hôtels particuliers, et le Pré-aux-Clercs, réservé aux jeux et aux amusements, qui est le parc d'attractions et le lieu de paillardise préféré des étudiants.

Ces derniers, du reste, tiennent le haut du pavé rive gauche. La langue internationale des études, le latin, a donné son nom au quartier. De vastes collèges accueillent les écoliers, souvent boursiers, offrant des salles spacieuses et bien aménagées aux maîtres prestigieux qui, de toute l'Europe, affluent à Paris pour donner des leçons publiques ou soutenir des controverses. Les collèges les plus renommés sont ceux d'Harcourt, du Cardinal-Lemoine, de Navarre, de Beauvais, de Bourgogne, de Sainte-Barbe, des Écossais, de Cluny.

Le collège de Navarre

Parmi les collèges parisiens, celui de Navarre occupe une place à part. Fondé en 1304 par Jeanne de Navarre, il porte les armoiries royales. Parmi ses illustres anciens, Henri III et Henri IV ; la porte qui s'ouvre sur la rue de la Montagne-Sainte-Geneviève non loin de l'entrée de ce qui fut jusqu'à ces dernières années l'École polytechnique a vu passer des légions de jeunes gens appelés eux aussi aux honneurs de l'histoire.

Quand Julien de Tourlaville démarre ses études au collège de Navarre, il côtoie pendant quelques mois un garçon de modeste noblesse poitevine, quatorze ans à peine, le marquis de Chillon, qui fera parler de lui, plus tard, sous le nom de Cardinal de Richelieu. L'année d'après arrive un petit nouveau, lui aussi âgé de quatorze ans, qui s'impose bientôt comme le boute-en-train du collège. Son nom : Isaac de Laffémas ; il sera, au service de Richelieu, un magistrat retors, l'âme du procès fait à Cinq-Mars ; pour ses contemporains, Laffémas restera le « bourreau du cardinal de Richelieu ».

Parmi les répétiteurs, un prêtre de grand talent, Philippe Cospéan, qui sera lui aussi l'un des proches de Richelieu, et dirigera les évêchés d'Aire, de Nantes et de Lisieux.

Parmi les enseignants, un professeur de théologie, Antoine Fusi, docteur en Sorbonne, curé de l'église Saint-Barthélemy et desservant de Saint-Leu-Saint-Gilles, qui fait les beaux jours du collège de Navarre. Né en 1565 en Lorraine, il est brillant, talentueux, profond. A peine âgé de trente-cinq ans lorsque Julien commence à suivre ses cours, il est alors au faîte de sa réputation. Les jésuites ne l'aiment pas, mais les jésuites, en 1594, n'ont-ils pas été rondement expulsés du royaume après l'attentat perpétré contre Henri IV par un de leurs élèves, Jean Chatel ?

Une vie de turlupin

En vérité, Julien est un étudiant médiocre, à qui la vocation fait totalement défaut. Il sèche les cours autant que faire se peut, leur préférant la compagnie des femmes légères que l'argot de l'époque surnomme « les gargouilles », ou celle d'autres écoliers turbulents avec lesquels on va en troupes bruyantes tourmenter les bourgeois, décrocher les enseignes des boutiques, ou sauter de toit en toit. Le soir, on s'offre un souper fin à *la Tour d'Argent*, qui s'est installée en 1582 sur le quai de la Tournelle, face à l'entrée du pont du même nom. Mais c'est cher, *la Tour d'Argent*, et quand les finances sont basses, on va plutôt au cabaret de la *Hure*, rue de la Huchette.

Julien dépense sans compter — pour les femmes,

pour s'habiller, pour festoyer, pour s'amuser — et même les coquets revenus que lui a assurés la générosité de l'abbé de Hambye ne suffisent pas toujours. Lorsque les dettes sont trop criardes, mieux vaut s'abriter quelque temps derrière un masque protecteur qui dérobera vos traits à la malveillance des créanciers. Et quand les choses vont vraiment trop mal, les Bassompierre, heureusement, sont là, dont le prestige, la puissance, la faveur auprès du roi, constituent la plus efficace des garanties contre les conséquences désagréables que pourraient avoir les imprudences du jeune homme. Bref, Julien nous apparaît comme un écolier dissipé, plus attiré par le loisir que par le travail, menant une vie de parfait turlupin, pas très différent, sans doute, de la plupart de ses condisciples, plus pressés de jouir de la vie dans une France toute frémissante d'allégresse que d'user leurs jeunes années sur les bancs du collège.

Jean Lefebvre joue et gagne

Qu'il est loin, le manoir de Tourlaville où Marguerite, interminablement, lit poèmes et romans ! Au début de l'année 1600, un visiteur se fait remarquer chez les Ravalet par des apparitions de plus en plus fréquentes : Jean Lefebvre, maintenant devenu receveur des tailles en l'élection de Valognes et seigneur de Hautpitois.

Ce serait trop peu dire qu'on l'accueille, à Tourlaville, comme le messie : on le choie, on le fête et, fin mars, les parents font connaître à Marguerite leur intention de la marier à Jean Lefebvre. Marguerite ne peut que se soumettre. Le contrat est promptement signé, les épousailles fixées à la mi-juin. Lefebvre a quarante-cinq ans, Marguerite en a treize.

Le 5 juin 1600, Julien quitte Paris pour assister à la

cérémonie. De quel œil regarde-t-il son beau-frère, le seigneur de Hautpitois ? Toujours est-il qu'à la fin du mois de juin, Marguerite, unie en justes noces à Jean Lefebvre, quitte avec son mari Tourlaville pour Valognes tandis que Julien, de prétexte en prétexte, diffère son retour à Paris.

Sévices

Noël 1600 trouve Julien à Valognes chez les Hautpitois. Quand il regagne Tourlaville, ses parents sont avisés par Jean Lefebvre qu'on ne souhaite pas le voir remettre les pieds à Valognes. Les parents Ravalet ne réagissent pas. Il faut dire qu'ils ont, à ce moment-là d'autres préoccupations : Jean III brigue la charge de grand maître des Eaux et Forêts. L'aura-t-il ? Il est finalement nommé.

Il accomplira une belle carrière dans cette administration prestigieuse.

Fin août 1601, Marguerite accouche avant terme d'une petite fille, prénommée Louise. Louise est baptisée le 4 septembre en l'église Saint-Malo de Valognes. Jean IV et Gabrielle, frère et sœur de Marguerite, viennent à Valognes. Jean IV est le parrain de la petite. On pourrait croire que tout va bien dans le ménage Hautpitois. Or Jean IV et Gabrielle ont la surprise d'assister horrifiés à des scènes d'une rare violence au cours desquelles Jean Lefebvre bat Marguerite, lui arrache les cheveux, la traîne en vociférant sur les marches d'escalier. Les parents Ravalet sont informés. Ils ne savent trop que faire. Discrètement, ils interviennent auprès de Lefebvre qui leur donne, semble-t-il, des apaisements.

Au printemps de 1602, Jean et Gabrielle, en compagnie d'un autre de leurs frères, Philippe, sont de retour à Valognes. C'est le moment que choisit Marguerite pour s'enfuir de l'hôtel de Hautpitois et se réfugier chez ses amis les Jallot, à Saint-Rémy-des-Landes. Jean Lefebvre vient la reprendre. Jean IV et Philippe, indignés par les traitements que Lefebvre fait subir à leur sœur, repartent pour Tourlaville afin d'alerter le père Ravalet. Ils laissent Gabrielle sur place en espérant qu'elle aidera Marguerite dans toute la mesure du possible. Mais la pauvre Gabrielle ne peut empêcher Lefebvre d'enfermer Marguerite dans un galetas où recommencent les sévices en tout genre ; Marguerite a une côte cassée, des voisins se plaignent des bruits de coups et des cris qu'ils entendent. Gabrielle, impuissante, regagne elle aussi Tourlaville, emmenant la cámeriste de Marguerite pour qu'elle témoigne du calvaire de sa maîtresse.

Le père Ravalet, cette fois, se fâche. Jean Lefebvre obtempère et réinstalle Marguerite dans la chambre d'honneur.

L'été 1602 s'écoule ainsi dans une paix relative. Vient le mois de septembre ; le cauchemar, à nouveau, ressurgit. Alors Marguerite s'enfuit en pleine nuit et retourne demander refuge aux Jallot. Elle se plaint des brutalités de Lefebvre mais, en plus, elle l'accuse de mauvaises mœurs et, notamment, d'entretenir deux femmes légères. Lefebvre est avisé par les Jallot que Marguerite est chez eux ; il ne daignera même pas se déranger. En revanche, le 25 septembre, Jean IV arrive avec ordre du père Ravalet de ramener Marguerite à Tourlaville. Le 29 septembre, jour de la Saint-Michel, Marguerite, escortée par son frère, reprend le chemin de Tourlaville, bien décidée à ne plus revenir à Valognes.

CHAPITRE III

EN CAVALE

Privautés

A Tourlaville, Marguerite est accueillie dans la joie. Puis, le premier moment d'euphorie passé, la question se pose : que faire maintenant ?

Les Ravalet se divisent, Gabrielle et Julien réclament la rupture de l'union avec Lefebvre. La mère, plus respectueuse des liens du mariage, cherche un accommodement.

En attendant, la vie s'organise. Marguerite a repris sa chambre d'autrefois dans la grosse tour ronde du château. Troublante beauté de la jeune fille. Sa mère, un jour, fait son portrait au crayon ; le dessin, plus tard confié à Mignard, inspirera au peintre l'un de ses plus beaux tableaux.

Julien loge dans la tour sud-ouest du manoir. Il va rendre de fréquentes visites à Marguerite. Un soir, le valet Nicolas Roussel entre dans la chambre de la jeune femme et trouve Julien couché avec elle, « mettant la main sous les draps et la baisotant avec trop grande privauté ».

Le lendemain, le valet a disparu. Quelques jours plus tard, le père Ravalet reçoit une lettre de Lefebvre dénonçant la familiarité excessive de Julien et de

Marguerite : Nicolas Roussel, venu se réfugier à Valognes, lui avait tout raconté. Et Lefebvre de rappeler que, plusieurs mois auparavant, certaines attitudes de Julien, des propos furtifs, des sous-entendus de domestiques l'avaient alerté, au point qu'il avait résolu d'interdire la présence de Julien auprès de sa sœur.

Tout apparaît désormais sous un nouvel éclairage. Marguerite n'est ni une sainte, ni une martyre ; c'est une paillarde, une ribaude qui trompe son mari et, plus grave encore, le fait au travers de relations incestueuses avec son frère.

Le père Ravalet réagit immédiatement en emprisonnant Julien dans sa chambre. Puis c'est au tour de Marguerite, qui subit, devant ses parents, un interrogatoire en règle. Elle nie tout avec hauteur, accuse Lefebvre d'ignominie, répète, comme elle l'avait dit lors de sa deuxième fuite chez les Jallot, qu'il est de mauvaise vie et entretient des femmes de petite vertu. Les parents consignent Marguerite dans sa chambre. Celle-ci demande l'annulation du mariage, afin d'entrer en religion. Ses parents, peu après, adoucissent sa réclusion ; la jeune fille peut aller et venir dans le manoir et le domaine de Tourlaville, mais défense de sortir. Le 27 décembre 1602, au milieu de la nuit, Marguerite se sauve de Tourlaville et, par des chemins détournés, gagne Fougères où elle arrive huit jours plus tard.

La fuite à Fougères

Marguerite s'installe d'abord dans une auberge située non loin des remparts, près de la porte Saint-Sulpice. Elle la quitte le 6 janvier 1603 pour loger dans une petite maison voisine dont le propriétaire a accepté de lui louer un étage. Marguerite a emmené avec elle son laquais ; elle engage en outre une femme, Guyonne Nicolle, et son frère Étienne.

Quelques jours plus tard, le laquais est abordé dans la rue par un homme qui se présente à lui comme un cousin de Marguerite de Ravalet, demoiselle de Hautpitois, lui dit qu'il est instruit de sa présence dans la ville, et lui demande de bien vouloir l'informer du lieu de sa résidence. Le petit laquais fait l'imbécile et, dès que l'individu s'est éloigné, court prévenir sa maîtresse. Marguerite coupe ses cheveux, s'habille en homme, met sa chevelure sacrifiée dans un sac qu'elle confie au laquais en le priant d'aller à Tourlaville le remettre à Julien.

Le 20 janvier 1603, Julien est à Fougères, accompagné par Nicolas Roussel, le valet félon, mystérieusement rentré en grâce.

Julien s'installe avec sa sœur, vivant ouvertement avec elle. Le faux ménage, se berçant de l'illusion de la sécurité, se promène sans gêne dans la ville et ses environs. Julien est le plus attentionné des cavaliers et, au dire des gens qui les auront côtoyés à cette époque, Marguerite, radieusement belle, donne alors l'image d'un parfait bonheur.

Le couple, de temps à autre, pousse plus loin ses promenades. Celles-ci le conduisent au cœur de la Bretagne, dans le Maine et, une fois, jusqu'en Anjou. Pour Marguerite, qui n'est jamais sortie de son Cotentin natal, c'est l'occasion de découvrir d'autres paysages, d'autres parlers, d'autres coutumes. Qu'elle est loin, la grise et triste existence que menait à Valognes la « demoiselle de Hautpitois » ! Ici, Marguerite est de nouveau honorée et servie à raison de sa noble naissance, elle vit en compagnie de l'homme qu'elle aime — quitte à oublier qu'il n'est pas son mari légitime et que, de surcroît, il s'agit de son frère.

Parfois, les scrupules l'assaillent. Marguerite, en ces

moments de doute, se prend à aspirer à une pieuse retraite au fond d'un monastère. Son frère-amant s'empresse auprès d'elle et s'efforce de la rassurer ; il y parvient, à vrai dire, sans trop de peine.

Marguerite, bientôt, se découvre enceinte. Elle annonce de nouveau son intention de prendre le voile. Julien calme ses alarmes, et la convainc de différer toute décision.

Lefebvre, pendant ce temps, constituait son dossier. Celui-ci terminé, le mari bafoué dépose une dénonciation en règle entre les mains d'Antoine du Moustier, lieutenant au bailliage de Cotentin. Le signalement de Julien et Marguerite est transmis à la maréchaussée royale. Lefebvre soudoie des indicateurs qu'il lance dans toute la région afin de retrouver la trace des amants disparus. Le receveur des tailles n'est plus que haine recuite et volonté farouche de poursuivre sa vengeance jusqu'à l'écrasement des jeunes gens.

Ceux-ci sont à Fougères depuis six mois maintenant quand l'ambiance, subitement, se met à changer autour d'eux. Il semble qu'on les dévisage de manière un peu trop appuyée, leurs domestiques se plaignent de questions indiscrètes posées ici et là par les commerçants, les aubergistes. Fin juillet, Marguerite et Julien se décident et partent au pied levé avec les deux valets et la servante. Ils galopent sans ménager leurs montures jusqu'à Saint-Hilaire-du-Harcouët. A l'arrivée, le cheval de Nicolas Roussel est en si mauvais état qu'il ne reste qu'à le vendre pour le remplacer par une bête en meilleure condition physique. La nuit trouve les fugitifs à Écouché, près d'Argentan. Puis les voici, quelques jours plus tard, à la Ferté-Fresnel, près d'Évreux, avant d'arriver au château de Saint-Aiglan, non loin de Rugles, chez l'oncle Gabriel de la Vigne, frère de Mme Ravalet mère. Par hasard, Jean IV et Philippe s'y trouvaient aussi. On est contents de se retrouver, de s'embrasser, d'oublier les frayeurs et les angoisses.

Mais Saint-Aiglan ne peut être qu'une halte. Marguerite et Julien ont leur idée en tête : c'est à Paris qu'ils ont décidé de se rendre, Paris, la grande ville anonyme, où se perdre dans la foule sans que Lefebvre ni ses sbires parviennent jamais à les retrouver. Comme le dira plus tard dans son langage imagé l'un des historiographes des Ravalet : « Ils pensèrent qu'il n'y a ville en France où ils se puissent mieux cacher que dans Paris. Cette multitude de personnes qui fait un petit monde, les doit tenir clos et couverts, à leur opinion, mieux que s'ils étaient au Canada. »

Vers le 25 août, ils envoient leurs domestiques en avant sur la route de Paris, eux-mêmes suivant à une journée de marche. Le 7 septembre, dans le flot de voitures et de gens de toutes conditions qui abordent aux entrées de la capitale, ils se présentent devant la porte Saint-Honoré, qu'ils franchissent sans encombre. Paris, enfin !

A l'hôtel Saint-Leu

Julien hume avec délices cette joyeuse cohue de charrettes et de tombereaux entre lesquels se glissent tant bien que mal les porteurs de hottes, les cavaliers, les dignes ecclésiastiques juchés sur leurs mules, le tout baignant dans la crotte, cette boue si typiquement parisienne, noirâtre et odorante, faite de poussière engraissée de déchets de toutes sortes, charognes, rejets de latrines, légumes pourris, où se vautrent des meutes de chiens errants, galeux et glapissants. Sur les bords relevés de la chaussée encadrant le ruisseau central marchent les gens de qualité ; ils tiennent ainsi le haut du pavé ; le ruisseau, c'est pour les autres ; quand on doit le traverser, si l'on est piéton ou, surtout, piétonne, quelque robuste gaillard est toujours là pour proposer ses muscles obligeants moyennant une piécette de menue monnaie. Oui, comme il est facile de se fondre dans ce vaste fleuve ! Sans hésiter, Julien choisit de s'établir rive droite avec sa sœur, dans la « Ville », à proximité immédiate du quartier des Halles, où le va-et-vient est le plus intense, le réseau d'auberges le plus dense.

Marguerite et Julien descendent à l'hôtellerie Saint-Leu, près l'église Saint-Gilles-Saint-Leu, dans la rue Saint-Denis — elle s'élevait exactement à l'emplacement de l'actuel 111, rue Saint-Denis. C'est une belle maison de trois étages avec comble formant pignon face à l'église. Le couple tombe sur Nicolas Roussel qui rôdait dans les parages, attendant ses maîtres. Ensemble, ils visitent l'hôtellerie, et Julien loue la plus belle chambre. Puis Nicolas Roussel va chercher Guyonne et Étienne qu'il avait laissés dans un cabaret, et tout ce petit monde se retrouve peu après, Marguerite, Julien et leurs trois domestiques. Pendant que ces derniers défont les bagages et installent la chambrée, les deux jeunes Ravalet décident de faire un tour.

Marguerite ne connaît pas Paris. Julien lui en fait les honneurs. On va jusqu'à l'hôtel de ville, on pousse de là en direction du Châtelet, siège de la police et de la justice municipales, ancienne citadelle qui, face à la Conciergerie, sert, comme elle, de cachot. Puis ce sont les Halles, le cimetière des Innocents, encore des rues, des églises, des enseignes, des chapelles ardentes et partout, toujours, la foule. Marguerite, au soir du 7 septembre, rentre un peu étourdie à l'hôtellerie Saint-Leu. Allons, une bonne nuit de repos, et demain on se lèvera frais et dispos.

Le lendemain, 8 septembre, tandis que Marguerite sommeille encore, Julien sort de bon matin prendre l'air. Il décide d'aller boire un coup au cabaret de l'*Ane rayé*. Il franchit le seuil, et s'arrête comme foudroyé sur place avant de ressortir précipitamment : Jean Lefebvre est là.

Julien revient à l'hôtellerie en tâchant de s'assurer qu'il n'est pas suivi. Marguerite est aussitôt mise au courant. Julien décide, par prudence, de quitter l'hôtellerie Saint-Leu et de ne plus circuler que masqué, comme au temps de ses folies d'étudiant. Mais cette fois les choses sont beaucoup plus sérieuses. La présence de Lefebvre montre que celui-ci a bien l'intention d'aller jusqu'au bout et qu'en attendant, il a retrouvé leur trace.

La longue traque

Pas à pas, en effet, Lefebvre avait suivi la piste. A Fougères, d'abord, où il a bien failli cueillir au nid les jeunes Ravalet. Julien, sans le savoir, l'a devancé d'un rien le jour où il a décampé avec sa sœur en direction de Paris.

Puis, le fil s'est renoué à Saint-Hilaire-du-Harcouët. Là, les agents de Lefebvre ont eu la preuve du passage des amants en fuite, identifié l'homme à qui Roussel a vendu son cheval, et obtenu de lui un signalement précis du valet. Lefebvre, sentant qu'il tenait le bon bout, a alors renouvelé sa plainte entre les mains du lieutenant du roi à Valognes.

L'enquête l'a ensuite mené à Écouché, de là à Saint-Aiglan, c'est-à-dire sur la route de Paris. Le couple scandaleux avait cru lui fausser compagnie ? On allait voir ce qu'on allait voir.

Sans plus s'attarder à suivre pas à pas la piste des amoureux, Lefebvre, en tout cas, avait compris leur plan. Ils comptaient se perdre dans la foule anonyme de la capitale ? Eh bien, Lefebvre allait déjouer ce beau projet. Lefebvre rassemble ses témoins et les conduit à Paris. Il emmène ainsi le valet et la femme de chambre qu'il avait donnés à Marguerite lorsqu'elle était encore une demoiselle de Hautpitois à la conduite apparemment irréprochable ; un homme qui a reconnu Julien et Marguerite à Fougères ; celui à qui Nicolas Roussel a vendu son cheval à Saint-Hilaire. Enfin, un témoin qui a identifié le couple en fuite à Écouché. La petite troupe arrive à Paris le 3 septembre, précédant les amoureux qui musardent en chemin. Le 4 septembre, Jean Lefebvre dépose son dossier au parquet du Châtelet. La traque dans les rues de Paris commence. Lefebvre, en fin limier, entreprend le ratissage systématique des cabarets et des auberges. Les recherches débuteront par les établissements du centre de Paris. C'est ainsi que le hasard a conduit le receveur des tailles de Valognes au cabaret de l'*Ane rayé* au moment où la soif poussait son jeune beau-frère à se rendre précisément en cet endroit.

Le 8 septembre au matin, Jean Lefebvre n'a pas vu Julien quand celui-ci est entré à l'*Ane rayé*. Mais il est resté dans le quartier, pensant bien que, s'il devait lui-même chercher refuge à Paris, c'est là qu'il irait tout naturellement.

Et la chance lui sourit. Le 8 après-midi, il est avec le valet lorsque tout à coup, à quelques pas d'eux, une silhouette masquée passe dans la foule. Ils reconnaissent Julien. Lefebvre et le valet essaient de se rapprocher, mais la cohue est telle que Julien, qui ne s'est rendu compte de rien, disparaît, leur échappe.

Qu'importe ; il suffira d'être patient.

Le 9 septembre, Jean Lefebvre et le valet rôdent encore lorsqu'ils aperçoivent Julien, toujours masqué, qui entre au cabaret du *Petit Panier* puis, un moment plus tard, en ressort. Ils le suivent. La filature les mène à l'hôtellerie Saint-Leu. Julien entre, tarde à reparaître.

Alors Lefebvre pénètre à son tour dans l'hôtel, interroge la tenancière qui lui apprend qu'elle héberge en effet un couple, l'homme qui est entré un peu plus tôt et une belle jeune femme, avec leurs domestiques.

Jean Lefebvre sait tout ce qu'il voulait savoir. Il va derechef au Châtelet, réitère sa plainte, demande l'intervention immédiate de la police. Peu avant 22 heures, celle-ci se présente à l'hôtellerie Saint-Leu. Marguerite est arrêtée. Julien, entre-temps, était ressorti. On le trouve moins d'une heure plus tard, rue Tirechape. Il est appréhendé à son tour. Marguerite et Julien, emmenés au Châtelet, sont aussitôt interrogés, chacun de son côté, puis conduits dans leurs cellules — à vrai dire, de bonnes chambres, chauffées et munies de tout le nécessaire.

La plainte de Jean Lefebvre est transmise avec les procès-verbaux d'interrogatoires au prévôt de Paris. La machine judiciaire s'est mise en branle. Plus rien ne peut l'arrêter. Au bout du chemin, c'est l'acquittement ou la mort.

CHAPITRE IV

L'INSTRUCTION
ET LE PREMIER PROCÈS AU CHÂTELET

Justice et politique. Le commissaire Chassebras

Le 10 septembre 1603, Jacques d'Aumont, prévôt de la ville et vicomté de Paris (il occupe ces fonctions depuis 1594) prend une ordonnance dans laquelle il retient l'affaire Ravalet — c'est-à-dire se déclare compétent — et en saisit son lieutenant criminel Pierre Lugoli.

Pierre Lugoli se montre d'entrée de jeu mal disposé à l'égard de Marguerite et de Julien. La politique et les phénomènes de clans y ont sans doute leur part. Dans la France de ces premières années du règne effectif d'Henri IV, le pays est divisé en clans multiples regroupés autour des grandes familles nobles. A cet égard, l'arrivée sur le trône d'Henri IV consacre d'abord la prise du pouvoir par la famille des Bourbons, dont il est le chef, et qui l'a emporté au terme d'une subtile (et sanglante) partie d'échecs entre les Bourbons et les autres grandes familles : les Montmorency, les Guise, les Joyeuse, les d'Épernon, les Coligny, les Bouillon, sans parler de quelques autres de moindre envergure.

Au-dessus des querelles entre clans, on s'aperçoit que les Français se sont en outre divisés, pendant les guerres de Religion, en trois partis : le parti protestant, le parti ultra-catholique de la Ligue, et les légitimistes, ou tiers parti, ou parti des bons Français, qui suivait le roi, Henri III puis Henri IV, parce qu'il était le roi, et quelle que soit sa religion. Jacques d'Aumont, homme d'ordre et de mesure, est du tiers parti, comme la famille Ravalet. Lugoli, en revanche, n'a jamais caché ses sympathies pour la Ligue ; en cela d'ailleurs il est à l'unisson de la plupart des Parisiens, de la majorité des membres du Parlement, et de la quasi-totalité du personnel d'administration et de police qu'Henri IV n'a pas voulu épurer quand Paris lui a ouvert ses portes, en 1594, et qui donc, pour l'essentiel, est resté en place.

En face d'eux, Marguerite et Julien vont donc trouver le lieutenant criminel flanqué de ses dix assesseurs, composant un tribunal de onze juges, qui ne leur voue aucune sympathie. Ils n'en auront pas davantage à attendre du procureur Nicolas Le Jay qui assiste les magistrats et dont la fonction consiste à représenter le roi et la « vindicte publique ». Il appartient à Le Jay de choisir celui des quarante-huit commissaires qui procédera à l'instruction ; il désigne Chassebras, un homme compétent, certes, mais un ancien ligueur, connu pour être selon la terminologie de l'époque une « créature », c'est-à-dire un homme très proche de la famille des Guise qui organisa et dirigea le moûvement de la Ligue.

Et tout de suite, un problème : Marguerite est enceinte. De qui donc, puisqu'elle reconnaît avoir abandonné le domicile conjugal depuis plus d'un an ? De Julien, bien entendu ? Contre toute attente, Marguerite nie, et accuse Robert Agnès, le tailleur de Tourlaville, qui l'aurait, dit-elle, possédée de force à quatre ou cinq reprises dans la chênaie de la propriété familiale. Chassebras ne peut faire autrement que d'inculper Robert Agnès de complicité d'adultère et de lancer contre lui un mandat d'amener. On trouvera le tailleur le 6 novembre seulement, au manoir du Rozel, où réside Philippe de Ravalet, frère des deux prisonniers.

En attendant, le commissaire Chassebras mène l'instruction avec diligence et méthode; il est impressionné par la passion que Marguerite met à disculper Julien. Celui-ci, de son côté, affirme qu'il était à Paris pour ses propres affaires, et qu'il ignorait complètement la présence de sa sœur dans la capitale.

Chassebras entend Lefebvre et ses témoins. Ils lui narrent avec un luxe de détails des faits, des événements qui révèlent à l'évidence les relations coupables des jeunes Ravalet.

Les domestiques de Marguerite et Julien sont eux aussi interrogés, mais ce menu fretin n'intéresse guère le commissaire Chassebras qui les laisse en liberté.

Le 19 septembre, l'instruction est déclarée close, et le dossier transmis à Messieurs du Châtelet, c'est-à-dire à Lugoli et ses dix assesseurs.

L'audience publique se tient le même jour. Le tribunal procède à l'interrogatoire des accusés, recueille les dépositions des témoins. Les juges se retirent, délibèrent rapidement et, revenus en séance, déclarent les accusés coupables. Mais ils ajournent la sentence en raison de l'état de Marguerite. Julien et elle resteront détenus au Châtelet jusqu'à l'accouchement.

Un verdict contesté

Le 25 septembre, dans sa chambre-cellule du Châtelet, Marguerite donne le jour à un garçon, aussitôt confié aux Catherinettes de Sainte-Opportune.

Entre-temps, le père Ravalet est arrivé à Paris et entame une véritable campagne de démarches afin de mobiliser amis et relations influentes au Parlement et à la Cour.

Le mois d'octobre voit ainsi chaque camp accumuler ses munitions tout en épiant étroitement l'adversaire.

Début novembre, Chassebras et Lugoli considèrent que le moment est venu d'en finir. Ils inscrivent l'affaire Ravalet pour l'audience du 5. Les juges du Châtelet constatent que Marguerite a accouché et que le jugement peut être rendu maintenant. Les conclusions du lieutenant criminel et du commissaire instructeur tendent à une double condamnation à mort. Que vont faire les juges ? La Cour reconnaît une fois de plus les accusés coupables des crimes d'inceste et d'adultère, mais rend une sentence portant qu'ils seront soumis à la question avant la proclamation de l'arrêt.

La question, c'est la torture. Dans les procès criminels, elle est de règle, non pas pour faire souffrir un peu plus l'accusé, mais pour savoir s'il a eu des complices. La question, c'est une sorte de jugement de Dieu : ce que l'accusé reconnaît ou nie sous la torture est légalement considéré comme la vérité, et nul témoignage contraire ne peut par la suite prévaloir contre cette vérité. En l'occurrence, il s'agit de savoir si oui ou non le tailleur Robert Agnès est complice de l'adultère. Tout dépend de Marguerite selon que, sous la torture, elle maintiendra ses allégations ou pas.

De ce fait, la décision des juges ne satisfait personne.

Le commissaire Chassebras a constaté la volonté peu commune de Marguerite, et il est persuadé que celle-ci répétera sous la torture ses accusations contre Agnès. Dès lors, si celui-ci, aux yeux de la justice, l'a violée, elle n'est plus coupable mais victime, la responsabilité de Julien paraît problématique, et toute l'accusation s'effondre.

Jean Lefebvre de son côté fait exactement le même raisonnement. Pas plus que le commissaire, il ne souhaite voir les amants soumis à la question.

46

Le procureur et le plaignant font donc appel du jugement devant le Parlement de Paris.

Mais les accusés eux aussi décident d'agir de même. Leur calcul est évidemment tout autre. Robert Agnès, sur la foi des accusations de Marguerite, a été inculpé. Il est par conséquent dans la cause. Or, il n'était pas présent à l'audience, et le jugement ne souffle mot de sa participation éventuelle aux actes incriminés ni, par conséquent, de son sort au regard de la loi. Donc, disent Marguerite et Julien, le jugement du Châtelet est nul, et ils demandent au Parlement de Paris de le réformer.

Les trois appels sont interjetés le même jour, 5 novembre. La procédure d'appel étant suspensive, les jeunes Ravalet ne seront pas soumis à la torture, et un « procès-verbal de question » négatif vient s'ajouter au volumineux dossier que le greffe du Châtelet adresse au Parlement de Paris.

L'appel est accepté

Le greffe du Parlement reçoit les pièces le 10 novembre. Le même jour arrive à Paris sous bonne garde le tailleur Agnès, appréhendé le 6 au château du Rozel.

Le dossier est distribué à la Chambre de la Tournelle — c'est le nom que porte la chambre criminelle du Parlement de Paris. Vu la qualité des accusés, le premier président du Parlement Achille de Harlay veut lire lui-même les pièces. Il aperçoit aussitôt la faille dans le dossier : on a jugé en l'absence de Robert Agnès — les accusés ont eu raison de faire appel.

La justice, c'est d'abord le strict respect des formes qui permettent d'assurer la garantie des droits de la défense.

Achille de Harlay fait venir le procureur général, Jacques de la Guesle, et le procureur de la chambre des enquêtes, Nicolas Chevalier, pour leur faire part de ses conclusions personnelles et solliciter leur avis. Le procureur général et le procureur acquiescent. Il en sera donc ainsi décidé : le procès va être repris à zéro. La Chambre de la Tournelle rejugera Marguerite et Julien de Ravalet qui, du coup, sont transférés et écroués à la Conciergerie, la prison du Palais de Justice où siège le Parlement. Robert Agnès reste incarcéré au Châtelet, mais il sera lui aussi jugé par la Tournelle.

Messieurs de la Tournelle

La Chambre de la Tournelle est présidée par Édouard Molé, promu en avril 1602 président à mortier — le mortier, un bonnet de forme carrée, est l'insigne d'une dignité qui, dans la hiérarchie judiciaire, place son titulaire immédiatement après les premiers présidents. Âgé de soixante-trois ans au moment du procès Ravalet, le président Molé est unanimement reconnu pour être un homme courageux, d'une grande indépendance d'esprit.

Auprès de lui, un président par commission (titre dont l'équivalent serait aujourd'hui « président délégué »), M. Le Camus, et quinze conseillers, parmi lesquels le conseiller Courtin est choisi comme rapporteur dans l'affaire des jeunes Marguerite et Julien de Ravalet. Le conseiller Courtin est un homme intègre, de mœurs rigides.

Le procureur général Jacques de la Guesle que nous avons vu apparaître aux côtés d'Achille de Harlay, le premier président du Parlement, est un ami de celui-ci et, comme lui, estimé pour sa très grande probité — une vertu qui n'est pas toujours la plus scrupuleusement respectée dans la magistrature de l'époque. Le Camus, notamment, est, d'après le mémorialiste Pierre de l'Estoile, un personnage intéressé et remuant. Quant au greffier criminel Daniel Voisin, on vante son talent, son zèle et sa courtoisie, mais chacun sait aussi que son impartialité est toute relative.

Tels sont les acteurs essentiels de la pièce qui va maintenant débuter, et dont l'enjeu est la vie des Ravalet.

Le procès s'ouvre le samedi 15 novembre. Cette première séance est une simple séance de procédure, consacrée à l'interrogatoire d'identité des accusés. La Cour, avant de renvoyer les jeunes Ravalet à leurs cellules respectives, décide de réserver trois séances à l'examen proprement dit de l'affaire. Celle-ci sera d'abord appelée aux audiences du 24 et du 27 novembre : les accusés seront interrogés sur le fond et l'on entendra les dépositions des témoins. Le délibéré des magistrats et le prononcé de la sentence sont fixés au 1er décembre.

15 novembre-24 novembre. Les Ravalet ont neuf jours devant eux, pas un de plus, pour affûter leurs arguments, peaufiner leur défense, bref, se préparer à tout mettre en œuvre afin de sauver si possible leurs jeunes têtes. Ils ont vingt et un ans et dix-sept ans.

CHAPITRE V

EN APPEL DEVANT LA TOURNELLE

L'audience du 24 novembre

La première audience s'ouvre le lundi 24 novembre devant un public nombreux. L'affaire Ravalet est connue, elle alimente les conversations, en famille, au cabaret, dans la rue. Marguerite et Julien de Ravalet-Tourlaville ! Chacun prononce leurs noms. Le bon peuple sait qu'ils sont jeunes, qu'ils sont beaux et qu'ils s'aiment.

La Chambre de la Tournelle a ses locaux dans le Palais de Justice, non loin de la Conciergerie, de plain-pied avec le premier étage de la tour Montgomery. Elle dispose là d'une salle d'audience, la vaste salle Saint-Louis, d'une pièce de dimensions plus réduites dénommée « petite Tournelle » où les magistrats siègent hors la vue du public (c'est ce que l'on appelle dans le langage judiciaire, au XVIIᵉ siècle comme aujourd'hui, « siéger en Chambre du Conseil »), d'une chambre de la question (c'est-à-dire d'une chambre de torture), d'un vestibule, d'un greffe, et d'un arrière-greffe où attendent témoins et accusés avant d'être introduits devant les juges.

L'audience du 24 novembre est exclusivement consacrée à l'interrogatoire de Marguerite. Lecture faite de

51

l'acte d'accusation, le débat s'engage sur les griefs de la jeune femme à l'égard de Jean Lefebvre.

Selon l'usage, c'est le président qui mène les débats. Il le fait avec humanité et autant de tact que le permet la situation. Qu'elle a l'air frêle, du reste, Marguerite de Ravalet, devant ces magistrats à la mine austère et solennelle! Qu'elle est belle, dans l'éclat de ses dix-sept ans et malgré deux maternités!

Le greffier connaît son métier. Il n'a pas son pareil, dans la profession, pour tirer la substance des dialogues d'audience et les consigner en procès-verbaux denses et nets. Suivons-le donc à la recherche de cette trame où, de réplique en réplique, se tisse la toile des faits et, à travers elle, la conviction des juges.

Et d'abord, l'interrogatoire d'identité. Marguerite de Tourlaville : « Dit qu'elle est âgée de près de dix-sept ans, et fut mariée [il] y a trois ans et demi. »

Première question maintenant : « Si elle [ne] s'est pas retirée d'avec son mari. »

Marguerite : « Dit que c'est son mari qui l'a chassée, l'ayant battue et même rompu une côte, et l'a fait accoucher devant [= avant] terme ; l'a tirée par les cheveux jusques en la rue, lui a mis le poignard sur la gorge, qu'il la voulait tuer ; lequel souvent lui disait qu'il ne voulait plus coucher avec elle, tellement qu'il l'allait appeler en son lit, à minuit, allumer deux chandelles, en lui faisant des menaces épouvantables et entretenait deux paillardes ; l'enfermait la nuit au cadenas en une chambre... »

On évoque ensuite les fugues de Marguerite, sa fuite finale et, en filigrane, son inconduite.

Le président : « Remontré que les excès faits par son mari ne la devaient tant faire oublier que se laisser ainsi aller à la volonté d'un autre. »

Marguerite : « A dit que les mauvais traitements de son mari l'ont mise au désespoir. »

Le président : « Remontré que son père et sa mère même l'ont trouvé mauvais. »

Marguerite : « A dit qu'elle n'en a point ouï parler. »

Le président : « Remontré qu'elle a un frère accusé, qui a été très longtemps près d'elle, qu'on ne le pouvait chasser de sa chambre, dont son père et sa mère se sont eux-mêmes scandalisés. »

Marguerite : « A dit qu'elle n'en a point ouï parler à son père. »

Le président : « Remontré qu'elle était si longtemps en la chambre de son frère et y était quatre et cinq heures, et que son frère même, allant où elle était, couchait avec elle et usait de trop grande privauté, mettant la main sous les draps et la baisotant avec trop grande privauté. »

Ce sont les mots mêmes de Nicolas Roussel.

Et Marguerite répond : « A dit que son frère n'a point eu plus grande privauté que ses autres frères. »

Mais enfin, s'exclame le président, il y a quand même cet enfant dont Marguerite est accouchée tout récemment ! C'est bien Julien qui en est le père ? Mais non, proteste la jeune femme, qui rappelle ses déclarations antérieures : c'est un autre, c'est le tailleur Robert Agnès.

Pas possible, rétorque le président, soyons un peu sérieux : « Remontré qu'elle a dit que c'était un tailleur qui lui avait fait ledit enfant, et n'est et n'y a aucune apparence ; que le temps auquel elle a été engrossée, c'était un temps froid ; et encore, si elle eût eu quelque reste d'honneur, elle ne fût allée en les bois comme elle a dit par son procès. »

Qu'est-ce que Marguerite peut objecter à cela ? La jeune femme, d'une même voix toujours aussi unie, toujours aussi neutre, réitère ses dires : « C'est son mari qui l'a mise au désespoir. »

Le président, qui a l'impression de se heurter à un

mur, passe alors à autre chose : « Remontré qu'elle s'est retirée d'avec sa mère et s'en est allée à Fougères, distant de 80 lieues [= 320 kilomètres], et ce qu'elle en faisait, c'était pour se décharger de sa grossesse. »

Marguerite : « A dit qu'elle n'a jamais pensé à cela, et que, étant à Fougères, [il] y eut quelques personnes qui la voulurent enlever ; fut contrainte [d'] envoyer quérir son frère [= Julien] pour la secourir ; il ne voulut venir pour la première fois, et fut contrainte [d'] y renvoyer pour la seconde fois, et lui dit que son père le l'y avait envoyé. »

Là-dessus, le président s'étonne : « Pourquoi elle n'envoya quérir son frère aîné aussi bien que le jeune ? » Le jeune, c'est Julien.

Marguerite a réponse à tout : « A dit que son frère [aîné] était à Saint-Aiglan. »

Et le dialogue se poursuit, toujours avec la même assurance chez Marguerite : « A dit que son frère étant arrivé [à Fougères], il l'envoya chercher en la ville et parlant à elle, lui dit que son père l'avait envoyé pour la mener au pays avec son mari. »

Le président observe que la jeune femme ne dit pas pourquoi, dans ces conditions, elle est restée six mois à Fougères, avec son frère, au lieu de retourner chez son mari. Marguerite, sans se démonter, affirme qu'elle avait décidé de se faire religieuse. Le président juge superflu de pousser plus avant sur ce point : chacun sait, en effet, que les couvents n'acceptent pas de femmes mariées. Par conséquent, l'argument de Marguerite ne vaut rien. Et puis l'attitude du couple quittant ensuite Fougères pour prendre la route de Paris suffit à faire apparaître l'inanité de cette pseudo-vocation.

Précisément, le tribunal souhaite un peu plus de détails sur les circonstances de ce voyage à Paris qui ressemble fort à une fuite.

Le président : « Remontré qu'elle vint en compagnie de son frère, de Roussel, Guyonne Nicolle mère, et Étienne Nicolle, son frère, et si elle [ne] dit pas à Roussel et à Guyonne et Étienne Nicolle qu'ils vinssent devant eux [c'est-à-dire « avant eux »] à Paris, et les trouveraient devant la Sainte-Chapelle. »

Marguerite : « A dit que Roussel la menait en croupe sur un cheval, et vendit son cheval à Saint-Hilaire, cinq ou six écus ; et arrivèrent un jour devant que [= avant] Guyonne Nicolle et son frère, parce qu'ils ne pouvaient plus suivre. »

Le président : « Si elle a logé à la rue Saint-Denis avec son frère et Roussel ? »

Marguerite : « Dit que oui, et coucha en une chambre, et la servante de l'hôtesse [aussi]. »

Marguerite s'est-elle rendu compte de l'importance de cette simple phrase ? La jeune femme, ici, vient de commettre une faute. Au Châtelet, elle avait prétendu qu'elle avait quitté Julien à Saint-Aiglan. Cette fois, au détour de quelques mots échappés par inadvertance, la vérité se fait jour : Julien et Marguerite sont bien venus ensemble à Paris.

Le président a marqué un point. Il va s'efforcer de poursuivre son avantage. Revenons sur ce voyage de Fougères à Paris. N'y a-t-il pas eu pendant ces quelques jours des situations scabreuses entre le frère et la sœur ? Certains témoignages le laisseraient à penser. Allons, Marguerite de Tourlaville, pourquoi ne pas reconnaître l'évidence ?

Le président veut tout savoir. Et d'abord, ceci : « Si par les chemins, son frère ne couchait pas en une même chambre ? »

Marguerite : « A dit que oui, quand ils étaient en une méchante hôtellerie ; elle couchait sur un lit, sa servante sur ses pieds, et son frère, Roussel et le frère de Guyonne couchaient sur de la paille. » La jeune femme a fait tout à l'heure un faux pas en laissant échapper l'aveu qu'elle est bien allée à Paris en compagnie de Julien. Mais on ne l'y reprendra plus ; Marguerite est sur ses gardes et le président ne lui arrachera pas un mot susceptible de trahir une intimité qui aurait pu dépasser, entre le frère et la sœur, les bornes de la bienséance.

Le président change de tactique et lance une attaque frontale : « Remontré qu'elle veut couvrir la faute qu'elle a faite avec son frère par dire que c'est un tailleur qui lui a fait cet enfant. » On y revient, sur cette affaire de Robert Agnès ! Enfin, comment peut-on déchoir à ce point et revendiquer aussi calmement un tel avilissement (« un tailleur ») plutôt que d'admettre franchement une faute, très grave certes, mais au moins entre gens de condition ?

Marguerite, dans sa tranquille assurance, continue d'innocenter Julien : « A dit que son frère n'en est coupable, et qu'elle en a dit la vérité. »

Le président revient à la charge. Il offre à l'accusée la porte de sortie des circonstances atténuantes : « Remontré que, par les témoins qui ont déposé, il se peut révéler que son frère a abusé d'elle, vu les privautés desquelles il a usé à son endroit. »

Obstinée Marguerite : « A dit que les témoins sont méchants qui ne valent rien, et que son frère n'a eu non plus de privauté avec elle que ses autres frères. »

Le dialogue se prolonge, imperturbable de part et d'autre. Marguerite, crânement, tient tête. Priée de conclure, elle se bornera à répéter, avec la même voix douce mais aussi la même force : « A dit qu'elle a fait faute, mais non avec son frère, et aimerait mieux être morte que d'y avoir pensé. »

Le président lève l'audience, Marguerite est reconduite dans sa cellule, les magistrats se retrouvent en Chambre du Conseil. Le rapporteur est invité à faire connaître ses conclusions. Les voici, telles que le greffier les a scrupuleusement consignées dans ses registres :

« Arrêté. Les condamner tous deux à mort, à 800 livres parisis d'amende envers le roi et aux dépens du procès. Absoudre le tailleur, les condamner en ses dommages et intérêts liquidés à 150 livres [c'est-à-dire « les condamner à 150 livres de dommages et intérêts à son égard »]. Conseiller Courtin. »

On échange ensuite entre magistrats les impressions d'audience. Chacun a pu remarquer que Marguerite, lorsqu'elle parle de Jean, dit « mon frère aîné », de Philippe, « mon frère du Rozel », tandis qu'elle appelle simplement Julien : « mon frère ». La suite au 27 novembre !

L'audience du 27 novembre

L'audience du jeudi 27 novembre comporte un ordre du jour particulièrement copieux. Le plat de résistance est l'interrogatoire de Julien, qui sera suivi de l'audition de Robert Agnès, puis d'une confrontation entre celui-ci et Marguerite, et enfin de l'audition comme témoin de la servante Guyonne Nicolle. Comme le 24 novembre, la salle est comble.

Entre le président et Julien, il est clair d'emblée que le courant ne passe pas.

Le président : « Remontré qu'il a eu trop de grande privauté avec sa sœur. »

Julien : « A dit que jamais homme plus innocent que lui n'est paru en la face de la justice, et veut être damné comme Judas si le fait dont on l'accuse est véritable. »

La véhémence de l'accusé provoque des mouvements dans la salle. Le président menace de faire évacuer le public. Le calme se rétablit, l'interrogatoire reprend

Le président : « Remontré qu'il a eu telle privauté

avec sa sœur qu'il s'est trouvé qu'il a été couché au même lit de sa sœur [nous dirions aujourd'hui : « que sa sœur »], mettant la main sous les draps. »

Julien : « A dit que le témoin qui en a déposé est un méchant homme. »

Le président : « Remontré que sa sœur étant couchée en sa chambre, lui allait en icelle, et que son père et sa mère ne l'en pouvaient faire sortir. »

Julien : « A dit que jamais son père et sa mère ne lui en [ont] parlé, et est de l'invention de sa partie [« son adversaire », c'est-à-dire Jean Lefebvre], et n'eut jamais privauté avec sa sœur qu'en l'honnêteté accoutumée. »

Le président : « Remontré que le laquais a dit que quand il était en la chambre de sa sœur, il l'envoyait sur la montée [c'est-à-dire « dans l'escalier », pour faire le guet]. »

Julien : « A dit qu'il ne l'y envoyait. »

Le président : « Remontré qu'étant par les champs, revenant de Fougères, il couchait par les champs en la même chambre que sa sœur. »

Julien : « A dit que oui, quand il n'y avait qu'une chambre. »

Sur les faits eux-mêmes, le président sent qu'il ne tirera rien de plus de Julien. Changeant alors de méthode, il l'attaque de front, comme il l'avait fait le 24 novembre avec Marguerite. Peut-être pourra-t-il démontrer par le raisonnement le caractère très particulier des liens qui, selon toute vraisemblance, unissent le frère et la sœur.

Julien est ainsi « requis pourquoi sa sœur l'a plutôt choisi que ses autres frères, étant à Fougères, pour lui faire compagnie. »

Le jeune homme répond « qu'il ne sait pourquoi, mais que sa sœur avait mandé son frère aîné ».

Le président force les feux : « S'il [n']a pas désiré

avoir des bracelets de cheveux de sa sœur ? » Dans la symbolique amoureuse de l'époque, les bracelets de cheveux constituent un gage d'une extrême importance. Ils entrent aussi dans la confection de maléfices ou de philtres d'amour, et la question du président tend à la fois à convaincre Julien de relations incestueuses avec sa sœur et à donner à celles-ci un petit parfum de magie, voire de sorcellerie.

Mais Julien ne démordra pas de sa ligne de défense, qui consiste à tout nier et à rejeter en bloc la responsabilité des accusations sur la volonté de nuire de Jean Lefebvre : « A dit que non, et que [ce] sont des inventions de sa partie. » Comprenant cependant qu'il n'a pas très bien répondu sur les raisons qui l'ont conduit à Fougères, il en profite pour ajouter : « Et que quand il est allé à Fougères, ce a été par le commandement de son père, qui lui commanda de l'aller quérir [c'est-à-dire d'aller chercher sa sœur Marguerite] et la mener chez un de ses beaux-frères ou un de ses oncles. »

Le président discerne une faille possible : « Qui est venu avec lui à Fougères ? »

Julien : « A dit que c'est Nicolas Roussel, qui l'a [= lui a] dérobé dix-huit écus. »

Le président : « Remontré qu'étant dans cette ville [= Paris], ès logis où il a logé, il sortait de son logis bouché [c'est-à-dire « masqué »]. »

Julien : « A dit qu'il avait des créanciers en cette ville, qu'il craignait ; a changé de logis de la rue Saint-Denis en la rue Tirechape. »

Le rythme s'accélère. A l'évidence, il y a des contradictions dans les déclarations et dépositions successives de Julien. Le président, impitoyable, va les traquer, les mettre au jour :

« Remontré que, étant interrogé en cette ville par le commissaire [il s'agit du premier interrogatoire qui a suivi l'arrestation, mené par le commissaire Chasse-bras], il a dénié la grossesse de sa sœur et ne savait où elle était. »

Comment Julien va-t-il s'en tirer? Maladroitement. Il répond à côté :

« A dit que si sa partie [= Jean Lefebvre] lui eût demandé, il lui eût dit, et non divulguait [cela veut dire : « mais n'aurait pas divulgué »] la honte de sa sœur. »

En somme : il aurait été prêt à dire la vérité à Jean Lefebvre, mais il n'avait pas à la reconnaître devant le commissaire. L'explication semble pour le moins bizarre.

Le président ne s'attarde pas. Un frémissement parcourt la salle. On sent que le président n'entend pas relâcher la pression. L'interrogatoire se poursuit sans désemparer. Le président demande maintenant à Julien à quel moment il a eu connaissance de la grossesse de sa sœur. Mais au fait, lui lance-t-il, ironique, « s'il sait pas bien qu'elle est accouchée? »

Julien : « A dit qu'il l'a su étant en prison, et n'a jamais su du fait de qui elle était grosse, sinon que sa sœur l'a confessé [nous dirions « lui a confessé »] que c'était du fait d'un tailleur. »

Le président n'est pas d'accord avec cette version des faits : « Remontré que sa sœur a dit qu'elle avait confessé sa grossesse à son frère [du Rozel] et à lui, étant à Saint-Aiglan. »

Julien : « A dit qu'il demanda à sa sœur si elle était grosse, et lui a demandé du fait de qui. » L'accusé s'embrouille de plus en plus. Même dans la sécheresse des procès-verbaux, le mensonge est flagrant. Il est clair qu'à ce point de l'audience la conviction des juges, peut-être un peu hésitante jusque-là, s'est définitive-ment forgée — et elle est défavorable à Julien, et, par conséquent, en même temps, à sa sœur.

60

L'interrogatoire de Julien est terminé. Le moment est venu de confronter Robert Agnès, le tailleur accusé par Marguerite d'être le père de son enfant, et Marguerite. On introduit d'abord Marguerite qui, d'une voix calme de victime, redit comment le tailleur a abusé d'elle dans les chemins creux.

Les juges se récrient : « Remontré qu'il n'est vraisemblable qu'une demoiselle ait le cœur si bas et si lâche [que] de se laisser aller avec un tailleur. »

Marguerite s'obstine, donne des précisions : « A dit que ce tailleur faisait un voyage avec elle... En lui faisant compagnie, lui disait par les chemins que le sieur de Hautpitois la traitait mal et qu'il aimait d'autres femmes qui n'étaient pas si belles qu'elle. Lui dit aussi qu'il avait servi une demoiselle de Poitou, qui était belle et galante, avec laquelle il eut beaucoup de privauté et aussi d'une dame de Paris qui était femme d'un avocat ; et a eu par ce moyen par quatre ou cinq fois sa compagnie, huit ou dix jours après la Sainte-Catherine, il y a un an, en la chênaie. »

On emmène Marguerite et l'on fait entrer Robert Agnès.

« Robert Agnès, tailleur. Dit qu'il est de Tourlaville, où il se tenait quand il est venu en cette ville [= Paris] ; a demeuré en cette ville de Paris cinq ou six ans, de son métier de tailleur. »

Le président : « S'il a demeuré en Poitou ? »

Robert Agnès : « Dit qu'il y a six ans qu'il demeurait en Poitou avec le sieur des Loges, qui lui a donné congé librement et franchement. »

Ainsi donc, Marguerite n'a pas tout inventé. Le séjour de Robert Agnès en Poitou a bien existé. Mais le reste n'est qu'affabulation, comme le démontre la suite des déclarations du tailleur .

Le président : « S'il habillait sa femme ? »

Robert Agnès : « A dit que non, et [qu'elle] se faisait

61

vêtir en cette ville, et avait un tailleur de Poitou qui la servait. »

Le président : « S'il s'est vanté qu'il ait eu des privautés avec la demoiselle des Loges ? »

Robert Agnès : « A dit que non. »

Le président : « Remontré qu'une demoiselle dit qu'il a eu telle privauté avec elle qu'il lui a fait un enfant. »

Robert Agnès : « A dit que non. »

« S'il [ne] demeurait pas en la maison du sieur de Tourlaville ? » lui demande encore le président.

Et Robert Agnès : « A dit que non, et qu'il se tenait en sa maison, distant[e] d'un quart de lieue de chemin. »

Le président interroge toujours : « S'il [n']a pas accompagné la demoiselle de Hautpitois » en voyage ? Robert Agnès confirme le voyage, mais précise que Marguerite et lui n'étaient pas seuls : ils voyageaient en compagnie d'un valet et d'une servante. Sous-entendu : les chances qu'il aurait pu avoir d'abuser d'elle étaient, de ce fait, bien minces.

Le président : « Si elle s'est plainte à lui des mauvais traitements de son mari ? »

Robert Agnès : « A dit que non, et ne lui en parla jamais. »

Le président : « S'il [n']allait pas en la maison de son père parce qu'elle y était ? »

Robert Agnès : « A dit qu'il y avait un an et demi qu'il n'y avait été... »

Le président : « Si la vérité [n']est pas qu'elle allait en la chênaie proche de la maison de son père et qu'il y allait la trouver ? »

Robert Agnès : « A dit qu'il n'y pensa jamais, et qu'il portait trop de respect et d'honneur à son mari et à elle, et n'eût eu la hardiesse et l'assurance de la requérir de cela. »

On revient sur la dame du Poitou. Le président

demande au tailleur : « S'il a fait voyage avec la demoiselle des Loges en cette ville [c'est-à-dire à Paris] ? »

Robert Agnès : « A dit qu'il y est venu une fois avec elle. »

Alors, peut-être qu'à cette occasion ?... Mais honni soit qui mal y pense ; Robert Agnès ajoute aussitôt : « Ayant une servante avec elle et un laquais, et lui était à cheval, et la demoiselle sur un autre, avec le messager. » En somme, il y avait vraiment beaucoup trop de monde pour que qui ce soit ait eu la possibilité d'attenter à la vertu de cette noble demoiselle.

A l'évidence, les juges ont bien plus tendance à croire le tailleur que Marguerite. Ils décident de les confronter.

Marguerite revient donc dans la salle d'audience. Interrogée, elle maintient ses accusations. Elle ajoute même de nouveaux détails au premier récit qu'elle a donné des faits. Ainsi, se souvient-elle maintenant, Agnès « s'est vanté que, touchant en la main d'une femme, il en a ce qu'il veut ». Quel homme ! Et, attendez, encore un autre détail, monsieur le président : « [Il] lui envoya des prunes par sa sœur. » Et puis, voici autre chose, messieurs les juges : le tailleur « s'est vanté qu'il a couché avec une des filles du sieur de Tourlaville ». Tout le monde le sait au pays. Voilà la preuve absolue, la preuve qui ne va pas manquer de convaincre le tribunal : la rumeur publique ! Allez donc à Tourlaville, semble dire Marguerite, et vous verrez bien que la rumeur de là-bas confirmera les accusations que je porte contre le maudit tailleur.

Dupes ou convaincus, les juges préfèrent d'autres sortes d'arguments. Que Marguerite veuille bien, ici, en face de Robert Agnès, répéter quand et comment celui-ci aurait, si on l'en croit, abusé d'elle. Sans trouble apparent, la jeune femme s'exécute : « La première volée fut devant [= avant] Sainte-Catherine, et une autre fois après sept ou huit jours, et encore une autre fois trois ou quatre jours devant [= avant] Noël. »

Qu'en dit le tailleur ?

Robert Agnès s'indigne. « Ce qui a été dénié par le tailleur, qui a dit que tout ce qu'a dit la demoiselle est très faux, et [qu'il] n'y a jamais pensé. »

Marguerite et Robert Agnès sont conduits hors de la salle d'audience où l'on introduit maintenant Guyonne Nicolle, la servante.

Elle fait ce qu'elle peut pour aider sa maîtresse :

« Après serment de droit prêté, requise si elle a vu quelque privauté entre le frère et la sœur de Tourlaville. »

La servante est formelle : « A dit que non. »

Mais elle précise quand même qu'elle n'est au service des jeunes gens que depuis le 6 janvier 1603. Donc, pour ce qui a pu se passer avant...

On lui lit les dépositions qu'elle a faites devant Lugoli. Les confirme-t-elle ? Oui. Mais alors, demandent les juges, une question se pose : « Elle a dit qu'il lui était commandé de faire le guet. » Pourquoi ?

Guyonne répond sans malice : « A dit que c'est parce qu'ils craignaient que le sieur de Tourlaville les trouvasse ensemble. »

Tiens, tiens, pense le président, et pourquoi donc cette vigilance sourcilleuse du sieur de Tourlaville ? On attend, on espère des révélations croustillantes, Guyonne, embarrassée, tente d'expliquer que le père Ravalet avait « défendu [à Julien] de parler à la demoiselle de Hautpitois [c'est-à-dire à Marguerite], parce que son mari [Jean Lefebvre] pensait que c'était lui qui la déconseillait [nous dirions aujourd'hui « qui lui déconseillait »] de se retirer avec son mari. » Et pourquoi donc le pensait-il ? La servante est incapable de répondre. Les juges n'insistent pas. La Cour est éclairée. Guyonne peut sortir. C'est fini.

Au terme de ces deux audiences, aucune preuve formelle, aucune démonstration péremptoire, mais un faisceau de présomptions qui, au moment du jugement, vont peser lourd sur l'intime conviction des juges. Car ceux-ci ne doutent plus de la culpabilité de Julien et de Marguerite. Leur défense courageuse, leur jeunesse, leur beauté : broutilles au regard de l'énormité de la faute qu'ils ont, selon toute vraisemblance, commise. La mort les attend désormais. Il n'y a plus de recours possible sauf... Sauf si une intervention venue d'en haut, une intervention politique leur octroie les circonstances atténuantes ou leur permet de bénéficier, peut-être, du doute, sauvant ainsi les deux jeunes Ravalet de l'échafaud.

CHAPITRE VI

SUPRÊMES ESPOIRS

Marches et contremarches

La famille, de fait, multiplie les démarches. Le père est à Paris. Il frappe haut, demande audience à Sully, qui refuse. La raison : l'affaire n'est pas de sa compétence, mais de celle du chancelier, c'est-à-dire du ministre de la Justice. Le père Ravalet a naturellement aussi sollicité le chancelier ; on lui laisse espérer un rendez-vous, qui tarde à venir. Le chancelier va-t-il, comme Sully, se dérober ?

Cependant, le seigneur de Tourlaville est tout le contraire d'un inactif et, inlassablement, sans se décourager, il tire les sonnettes.

Celle par exemple d'Henri de Gondi, évêque de Paris, à qui l'abbé de Hambye a fait écrire par l'évêque de Coutances. Mgr de Gondi reçoit le malheureux père avec bonté. Il comprend sa douleur, l'assure de sa compassion, mais lui rappelle que la justice des hommes est saisie. L'évêque de Paris ne pourra qu'associer ses prières à celles de M. de Ravalet en suppliant Dieu de bien vouloir éclairer les juges.

Jean III de Ravalet rend aussi visite à Martigny, gouverneur de Paris. Martigny le reçoit aimablement, invoque l'indépendance du pouvoir judiciaire, et affirme sa confiance dans la justice de son pays en exhortant le seigneur de Tourlaville à faire de même.

Celui-ci continue, sans désemparer, ses démarches. Il se rend auprès du Père Cotton, personnage importantissime, car il est le confesseur d'Henri IV. Membre de la Compagnie de Jésus, il est de ce fait théoriquement interdit de séjour en France, les jésuites ayant été bannis en 1594 ; mais leur retour est pour bientôt, et le Père Cotton, qui y travaille activement, est un peu comme l'avant-garde de la Compagnie. L'homme est remarquablement intelligent, plein d'onction, et d'une redoutable habileté. C'est l'âme des jeunes gens qui le préoccupe, et surtout le point de savoir s'ils ont fait pénitence — car le Père Cotton, par les on-dit, par ses contacts avec Messieurs du Parlement qu'il fréquente assidûment afin de préparer le rétablissement des jésuites, s'est convaincu que Marguerite et Julien sont coupables. La prière, tout est là ! Évidemment, si le ministre de la Justice...

Et voici que, le 29 novembre, arrive enfin la rencontre tant espérée avec le chancelier. La chancellerie est installée rue des Deux-Écus, une rue qui longe Saint-Germain-l'Auxerrois pour rejoindre en serpentant l'actuelle place des Deux-Écus, au carrefour de la rue Berger et de la rue du Louvre. Le chancelier est le sieur Pomponne de Bellièvre, un homme considéré comme un modéré. Ancien serviteur des Valois (il a été surintendant des Finances, c'est-à-dire ministre des Finances) sous Henri III, il a été nommé par Henri IV, en 1594, intendant à Lyon. C'est un peu le purgatoire, comme le serait, pour un ministre, aujourd'hui, sa rétrogradation aux fonctions de préfet. Mais la semi-disgrâce a été brève puisque, dès 1595, Henri IV fait entrer Pomponne de Bellièvre au Conseil. Et quand, en juillet 1599, le chancelier Cheverny meurt, c'est Pomponne qui le remplace.

Quand il accède à ces hautes fonctions, Pomponne a déjà soixante-dix ans. C'est un vieux pour l'époque. Chancelier, c'est d'ailleurs une place de fin de carrière. Son titulaire détient cette fonction à vie. S'il arrive qu'un chancelier cesse de plaire il faut trouver un subterfuge. La royauté avait inventé dans ce but le personnage appelé garde des Sceaux, qui exerçait effectivement les fonctions de ministre de la Justice à la place du chancelier disgracié et, normalement, lui succédait comme chancelier à sa mort.

Tel devait être, d'ailleurs, le sort de Pomponne de Bellièvre deux ans plus tard. Étant entré en conflit avec Sully, il y gagna d'être disgracié en 1605 au profit de Brûlart de Sillery, nommé garde des Sceaux et qui allait devenir chancelier quand, en 1607, Pomponne aura eu le bon goût de mourir.

En ce 29 novembre 1603, l'accueil réservé par Pomponne de Bellièvre au seigneur Jean de Ravalet est aussi terne que sa personne. Aucune chaleur dans le débit mécanique propre au langage de tous les ministres contraints de recevoir un solliciteur chaudement recommandé, auquel ils n'ont pu éviter d'accorder une audience, mais qui ne leur inspire qu'une unique pensée : comment l'éconduire au plus vite en respectant les formes de la bienséance? Quand il s'agit d'une affaire judiciaire, la réponse est toujours la même : « Je fais confiance à la justice de mon pays. » C'est ce que Pomponne de Bellièvre dit au père Ravalet. Les juges des jeunes gens sont des juges excellents, animés par la seule passion de la justice et de la vérité. Ayez confiance, monsieur de Tourlaville.

Le seigneur de Tourlaville, quand il quitte la chancellerie, est un homme brisé.

Il lui reste un espoir : Nicolas de Neufville de Villeroy, le seul qui pèse quelque chose face à Sully, un habile, un malin, bien en cour auprès d'Henri IV, et qui a survécu à tous les changements de régime. Villeroy, à vrai dire, est, dans l'histoire de France, recordman toutes catégories en longévité ministérielle. Sous les Valois, il a siégé vingt et un ans au gouvernement, de 1567 à 1588. En 1588, il commet une erreur : croyant sentir le vent, il lâche Henri III et se rallie à la Ligue. Le calcul n'était pas le bon. Certes, Henri III est assassiné en 1589, mais son successeur, le protestant Henri de Navarre, l'homme que la Ligue s'était juré d'abattre, se convertit au catholicisme et, en 1594, prend possession de son trône. Qu'à cela ne tienne : Villeroy a déjà retourné sa veste bordée d'hermine et cette même année 1594 voit le ligueur repenti reprendre place au gouvernement. Il y restera encore vingt-deux ans !

Son domaine, ce sont les affaires étrangères, où il excelle. Henri IV l'apprécie d'abord parce que, comme Sully, c'est un gros travailleur. Mais à la différence de Sully qui est, avant toute chose, un administrateur, avec la rigueur, voire la brutalité, qu'appelle cette fonction, Villeroy est surtout un politique et un pacifique ; ses contemporains l'avaient surnommé l' « Archipolitique ».

Villeroy aime bien Jean III de Ravalet. La douleur muette du père, qui vient le voir le dimanche 30 en son hôtel de la rue des Bourdonnais, l'émeut, le trouble. Puisque la visite au chancelier n'a rien donné, Villeroy aidera le seigneur de Tourlaville dans la démarche du suprême espoir.

La dernière chance

Le 1er décembre, la Tournelle siège en Conseil. Objet : l'affaire Ravalet. Pendant une grande heure, les magistrats, ayant écouté le juge rapporteur, pesé une nouvelle fois les arguments pour et contre, les témoignages, les impressions d'audience, échangent leurs conclusions. Elles sont unanimes : Marguerite et Julien de Ravalet sont bien coupables d'inceste et d'adultère. Une seule peine : la mort. La décision est aussitôt transcrite :

« Du lundi premier décembre 1603. *Arrêté*. — Supposant l'appel *a minima* du procureur général au procès de Tourlaville frère et sœur, les condamner à être décapités en Grève, priver la femme de ses conventions matrimoniales, les condamner tous deux en [nous dirions : « à »] 800 livres parisis envers le roi, pour Agnès l'absoudre avec dépens, dommages et intérêts. »

Les magistrats regagnent la salle d'audience, mais c'est pour appeler une autre affaire, entendre d'autres accusés, questionner d'autres témoins. Les juges font leur métier avec conscience, les heures s'écoulent. Les curieux qui s'entassent, en grande majorité favorables aux Ravalet, se prennent à espérer. Les magistrats quittent la salle, retournent en Conseil, reviennent, appellent une autre affaire. Et l'on attend toujours la lecture du jugement Ravalet. Une certaine effervescence gagne les assistants. Les uns parient pour la mort, d'autres parlent de sursis, de grâce royale. Mais que se passe-t-il donc ?

Il se passe que les Ravalet ont mis en œuvre un ultime artifice de procédure, en adressant une requête au Parlement afin de rejeter l'accusation d'inceste portée par Lefebvre.

Saisie de la requête, la Tournelle mande le commissaire Chassebras. Celui-ci explique que la demande des accusés fait double emploi avec l'appel qu'ils ont formé il y a quelques semaines, et qui est à l'origine du procès qui vient de se dérouler devant le Parlement. Elle est donc sans objet. Qu'en pense le rap-

71

porteur Courtin ? Il est d'accord avec Chassebras et conclut dans le même sens.

A la faveur de cet ultime baroud d'honneur, les Ravalet ont gagné des heures précieuses, car la Tournelle, qui siège depuis le petit matin, n'a plus le temps maintenant de prononcer son jugement avant la tombée de la nuit. Ce sera donc pour demain. L'artifice est peut-être dérisoire, mais il pourrait bien marquer pour les deux jeunes gens la différence entre la vie et la mort : à 3 heures de l'après-midi, ce 1er décembre 1603, Jean de Ravalet, en compagnie de Villeroy, entre au Louvre.

Scènes de la vie de ménage

Henri IV, très matinal, a commencé sa journée comme les magistrats du Parlement, c'est-à-dire sur un rythme soutenu. A peine levé, le roi reçoit, puis prend connaissance des lettres et, sur le coup de 11 heures, tient Conseil. La séance est menée tambour battant — une heure, pas davantage. C'est amplement suffisant pour permettre à l'esprit vif du Béarnais de trancher sur l'essentiel. Midi. Henri IV a faim. Le repas est un moment de détente. Surtout, ne pas parler d'affaires sérieuses. On devise, on plaisante, le roi se fait lire les meilleurs passages des derniers livres parus. Il a ainsi lancé le *Théâtre d'agriculture* de son vieux compagnon Olivier de Serres, assurant à cet excellent ouvrage d'économie rurale et d'agronomie un fantastique succès de librairie.

Le roi mange seul, ou en compagnie de la reine — quand le mari et la femme ne sont pas fâchés, ce qui arrive de plus en plus souvent. Aujourd'hui, 1er décembre, l'atmosphère n'est pas au beau fixe, mais enfin, Henri IV et Marie de Médicis ont pris leur repas ensemble. Marie de Médicis, c'est cette altière princesse florentine que la diplomatie et les intérêts financiers de la couronne de France ont fait épouser en secondes noces à Henri IV, trois ans plus tôt, à l'automne 1600. Marie de Médicis n'est plus toute jeune (vingt-sept ans déjà, ce qui est beaucoup pour l'époque), mais elle a vingt ans de moins qu'Henri IV, et une haute conception de la morale conjugale — le Vert Galant n'a qu'à bien se tenir !

Conquis par l'opulente beauté de Marie, Henri IV s'est dépêché de lui faire un enfant — un garçon, le futur Louis XIII, né le 27 septembre 1601. Une fille a bientôt suivi, Élisabeth, qui vient au monde le 22 novembre 1602. Mais Henri IV n'en est pas resté là. Les charmes de sa maîtresse en titre, Henriette d'Entragues, continuent sans doute de manifester leur attrait puisque Henriette donne le jour à un garçon, le 27 octobre 1601, exactement un mois après la naissance de Louis XIII ! On ne peut pas dire qu'Henri IV, d'ailleurs, ait fait preuve de beaucoup de tact. Au témoignage de son valet de chambre, Pierre de l'Estoile, « Mme la marquise de Verneuil [c'est le titre que porte Henriette d'Entragues] accoucha d'un fils que le roi baisa et mignarda fort, l'appelant son fils et disant plus beau que celui de la reine, sa femme, qu'il disait ressembler aux Médicis, étant noir et gros comme eux ; de quoi on dit que la reine étant avertie pleura fort ». Faut-il s'étonner qu'Henriette d'Entragues insulte ensuite « la Florentine », « la grosse banquière », et jette à Henri IV : « C'est une concubine que votre Florentine, je suis, moi, votre vraie femme » ? Et faut-il trouver étrange que Marie de Médicis multiplie les scènes et les éclats ?

C'est à partir de 1603, précisément, que les choses commencent à se dégrader vraiment entre le roi et la reine. Malgré les efforts de Sully, ceux des favoris de Marie de Médicis, les Concini, auxquels Henri IV demande d'apporter leur concours à la paix du ménage, la reine récrimine sans cesse. Mais visiblement, elle ne sait pas trouver le ton juste. Inciter le roi à ménager sa santé n'est peut-être pas le meilleur moyen de l'amener à plus de modération quand on songe à « cette furieuse passion qu'Henri IV avait pour les femmes, laquelle ayant commencé à l'obséder dès la jeunesse, continua toujours depuis ; de telle sorte que ni son second mariage ni rien n'y apportèrent quelque changement », selon les propos d'un contemporain, Fontenay-Mareuil.

Par esprit de riposte, Henri IV à son tour cherche querelle à Marie de Médicis. Il monte en épingle des ragots sur un amour de jeunesse entre Marie de Médicis et l'un de ses cousins, Virginio Orsini. Il soupçonne, ou feint de soupçonner des intrigues galantes entre sa femme et son favori Concini, ou encore entre sa femme et Bellegarde, un très grand seigneur, compagnon d'Henri IV, et l'un des plus grands séducteurs du temps. Une lettre que Marie de Médicis envoie au roi est jugée par lui « la plus impertinente qu'il soit possible ».

Henri IV, au fond, conclut que tout est de sa faute à elle. Il le lui dit un jour : si elle l'avait « recherché, caressé et entretenu de discours agréables témoignant une grande amour, il n'eût jamais eu d'autres femmes ».

L'intercession

Donc, en ce lundi 1ᵉʳ décembre 1603, les relations entre le roi et la reine sont, par exception, à peu près convenables. Le repas terminé, on se détend, et Marie de Médicis se tient avec Henri IV dans son cabinet, quand un roulement de carrosse s'élève de la cour du Louvre. Rares sont les voitures qui ont le privilège de pénétrer au Louvre : celles du roi et de la reine, bien sûr, celles des membres de la famille royale et de quelques hauts dignitaires, parmi lesquels les membres principaux du gouvernement. C'est précisément l'un d'eux qui vient d'arriver, Villeroy, dont le carrosse se range au bord du perron conduisant aux appartements d'Henri IV. Villeroy a choisi ce moment pour mener le père Ravalet devant son souverain, et tenter d'obtenir ainsi la grâce du roi pour le couple incestueux.

En haut des marches, Villeroy s'adresse à d'Harambure, ami de toujours du souverain. Accepterait-il d'entrer dans le cabinet du roi, de demander à Henri IV pour un solliciteur les quelques minutes qui lui permettront de plaider la cause de ses enfants ? D'Harambure n'a pas grand-chose à refuser à Villeroy ; peut-être aussi le spectacle de ce grand gentilhomme cassé par le chagrin encore plus que par l'âge touche-t-il le vieux compagnon du Vert Galant. Il pénètre dans le cabinet ; un mot à Henri IV ; celui-ci acquiesce ; Villeroy et Jean de Ravalet entrent dans la pièce. Voici venu l'instant suprême, l'instant où tout peut basculer si le père des jeunes gens parvient à convaincre le roi de France de faire grâce.

En quelques mots, Ravalet dit sa détresse, sa propre loyauté à l'égard d'Henri IV du temps où celui-ci bataillait pour conquérir son trône, l'inébranlable fidélité de plusieurs générations de Ravalet. Qu'on enferme Marguerite au couvent, qu'on envoie Julien démontrer sa valeur dans l'armée ! Pourquoi faire inutilement couler ce jeune sang ?

Henri IV demande qu'on lui expose les circonstances, les éléments du dossier. Que dire face à l'écrasante évidence des faits ? Les jeunes gens sont coupables, leur faute dure depuis des mois, et les deux procès successifs l'ont maintenant étalée sans nuances sous les yeux de l'opinion publique. Plus grave encore, ces Ravalet sont beaux, ils forcent la sympathie. Elle a quitté son mari, bafoué les liens du mariage. Sereinement et délibérément adultère, elle est mère, et il faudrait pardonner? Déjà l'inceste, mais l'adultère aussi! Les lois divines et humaines ne peuvent être impunément foulées aux pieds.

Jean de Ravalet se brise encore un peu plus. Il tente un dernier effort. Sire, sauvez au moins Marguerite! Impossible, dit Henri IV, car ce serait accabler encore davantage Julien qui, à tout prendre, n'est pas plus coupable.

Alors, épargnez les deux, qu'on les emprisonne, qu'on leur impose les plus dures épreuves mais qu'on sauve leurs têtes! Impossible, répète le roi, il faudrait violer le Parlement.

« Conserver l'autorité de la justice »

Bien sûr, entre 1585 et 1603, les chanceliers de France auront délivré plus de sept mille lettres de grâce rien que pour des duels ayant entraîné mort d'homme. Bien sûr, après les guerres de Religion, la plupart des crimes et atrocités commis pendant l'interminable conflit ont été amnistiés.

Mais il faut respecter la justice, et les légistes, comme le plus grand d'entre eux à cette époque, Cardin Le Bret, observent que l'abolition, octroyée par le roi dans les cas qui excluent la grâce ou la rémission, c'est-à-dire lorsque le crime n'est pas douteux et qu'il n'y a pas de circonstances atténuantes, n'est cependant jamais accordée pour les « cas exécrables ». Or, le crime des Ravalet rentre dans cette catégorie.

Au demeurant, Henri IV s'est solennellement engagé quelques mois plus tôt à ne plus accorder de lettres d'abolition. C'était en février 1603. Le roi venait de gracier son ancien compagnon d'armes Saint-Géran, dont les crimes avaient entraîné la condamnation à mort. La décision d'Henri IV avait évidemment suscité la colère du Parlement, mais provoqué aussi des remous dans l'opinion. Fidèle aux devoirs de l'amitié, Henri IV avait accordé la vie sauve à Saint-Géran, mais, en notifiant sa décision, il avait solennellement fait cette promesse aux représentants du Parlement : « Vous direz à la Cour [sous-entendu « de Parlement »] que je lui promets que je ne baillerai plus telles abolitions ; ils s'en peuvent assurer puisque je le promets car je tiens tout ce que je promets... Et leur direz que j'aurai toujours soin de conserver l'autorité de la justice. »

Moralité, moralité

Et puis, les mœurs changent, le vent tourne. Henri IV, le Vert Galant, est déjà, à sa manière, d'un autre âge, de l'âge d'un Brantôme qui exaltait, dans ses *Vies des dames galantes*, « cette belle liberté française, qui est plus à estimer que tout, [et qui] rend bien nos dames plus désirables, aimables, accostables et plus passables que toutes les autres ».

Les Français, à l'orée du XVIIᵉ siècle, veulent plus de vertu, plus de retenue, plus de décence. Un exemple : les étuves où, au XVIᵉ siècle, hommes et femmes allaient ensemble transpirer et se laver, un peu comme dans les saunas modernes. Scandaleuse promiscuité, clament les prédicateurs ! Et les étuves, les unes après les autres, ferment leurs portes. Beaucoup de gens, faute d'eau courante, ne pourront plus faire leurs ablutions ? Qu'à cela ne tienne : médecins et théologiens vont s'employer à démontrer que les bains trop fréquents sont mauvais pour la santé ; voici la crasse érigée en exigence morale.

Dans la demande d'une rigueur accrue des mœurs,

on trouve évidemment la trace de la Réforme. Le calvinisme est passé par là. Mais il n'est pas seul, car il y a aussi l'effort de rénovation interne du catholicisme, auquel les historiens donnent le nom de « Contre-Réforme », et qui s'est exprimé à travers le concile de Trente ; achevé en 1563, le concile arrête toute une série de décisions, de décrets qui établissent sur des bases solides le renouveau de la foi romaine.

Prédication, d'abord. C'est le triomphe du style fleuri et doux de François de Sales. Natif des États du duc de Savoie, François de Sales s'est rendu pour la première fois à Paris en 1602. Il a fait, sur Henri IV, une impression profonde, et le roi lui a promis toute son aide pour évangéliser le pays de Gex, près de la frontière suisse, où François de Sales veut réimplanter le catholicisme aux dépens du protestantisme omniprésent.

Expansion des congrégations religieuses. Une authentique mystique, Mme Acarie, organise leur développement en France. Ce sont les Ursulines, créées en 1594 en Avignon, et que le cercle de Mme Acarie implante à Paris, faubourg Saint-Jacques — avec le soutien financier, d'ailleurs, de Marie de Médicis. Les Ursulines se vouent à l'éducation des filles. Les Carmélites, elles, sont une congrégation purement contemplative. Fondé en Espagne par sainte Thérèse d'Avila, l'ordre du Carmel, grâce à Mme Acarie et à un jeune prêtre qui finira cardinal, Pierre de Bérulle, établit à Paris en 1603 un premier couvent, lui aussi situé faubourg Saint-Jacques, et lui aussi construit avec l'aide matérielle de Marie de Médicis.

La formation des prêtres, en même temps, s'améliore. Le concile de Trente recommande de multiplier les visites pastorales des évêques afin de raviver la foi des curés et des desservants des églises de campagne, et conseille vivement aux églises nationales de créer des séminaires pour une meilleure préparation des jeunes prêtres au sacerdoce. Avec l'aide d'Henri IV, et sous l'impulsion de quelques grandes figures d'évêques, ce vaste effort commence à porter ses fruits.

Reste l'épineux problème des jésuites. Leur expulsion en 1594 a été très mal prise par le pape qui exige leur retour. Mais voilà : une bonne partie de la classe éclairée leur est hostile. Les jésuites défendent en effet la thèse de la suprématie du pape sur le roi de France, qui a pour conséquence logique de justifier éventuellement le régicide. Car le pape, à leurs yeux, a le droit de délier les sujets de l'obligation de fidélité à l'égard du souverain si celui-ci s'avère félon, apostat ou renégat ; et si l'on va au bout du raisonnement, cela signifie qu'un bon chrétien a le droit (on pourrait presque dire le devoir) d'écarter le mauvais souverain, fût-ce au prix d'un meurtre.

Or, précisément, les attentats contre Henri IV sont incessants. Après celui de Jean Chatel fin 1594, il y a eu la tentative de Jean Guédon en 1596, puis celle d'un tapissier de Paris en 1597, suivi par le chartreux de Nantes Pierre Ouin. En 1598, c'est le tour de deux moines jacobins du couvent de Gand, Ridicoux et Augier, ainsi que d'un capucin de Toul, du nom de Langlois ; les trois prêtres sont exécutés le même jour, le 3 avril 1599. En 1600, le relais est pris par Nicole Mignon, qui tente d'empoisonner le roi. En 1602, Julien Guédon, frère de Jean, essaie de poignarder Henri IV.

La même année 1602 est découverte la grave conspiration du maréchal de Biron, le premier soldat de France. Lié à l'Espagne, à la Savoie, ayant entraîné dans le complot le prince de Bouillon, chef éminent du parti protestant en France, Biron est démasqué, reconnu coupable, et décapité le 31 juillet 1602.

Mais rien n'y fait. En 1603, c'est de Bordeaux que vient une nouvelle tentative, de Bordeaux où un prêtre et un gentilhomme se sont associés pour abattre le roi

79

d'un coup d'arbalète. Eux aussi sont découverts et exécutés.

Les années 1602-1603 ne sont pas des années fastes pour le bon roi Henri. A l'intérieur, 1602 est marquée par les troubles de la Pancarte, du nom de cet impôt sur les transactions d'un montant d'un sou par livre, soit 5 %, qui enflamme les esprits en Guyenne, Limousin, Poitou. Et puis, des misères plus intimes frappent Henri IV. En juillet 1602, c'est la dysenterie. En mai 1603, une crise de rétention d'urine. En septembre 1603, une nouvelle crise de dysenterie.

Vers le rétablissement des jésuites

Les prières de Marie de Médicis en faveur du rétablissement des jésuites, seul moyen, selon elle, de ramener la bienveillance divine sur la personne d'Henri IV et la jeune dynastie des Bourbons, rejoignent le raisonnement politique qui se fait jour chez le roi. Au fond de lui-même, celui-ci finit en effet par se persuader que la Compagnie de Jésus pourrait être un utile facteur de modération, et le rappel des jésuites une manière d'assurance tous risques. En gagnant les jésuites par une attitude bienveillante, ce vieux mécréant paillard d'Henri IV pense qu'il pourrait s'en faire d'utiles alliés sur cette terre, même s'il est peu convaincu par les promesses du pape en la reconnaissance divine dans l'au-delà.

A la fin de l'été 1603, Henri IV se décide à dévoiler ses intentions aux membres du gouvernement. Sully s'oppose farouchement aux projets de son maître. Il lui peint sous de terribles couleurs ces jésuites « non seulement habiles, mais pleins de ruses et merveilleux artifices, étant une fois remis en pleine liberté sans aucunes limites ni restriction ». Et Sully de prédire au roi qu'ils n'auront rien de plus pressé, dès leur retour en France, que d'y « [exciter] des aigreurs, haines et animosités entre vos sujets et serviteurs de différente religion, par le moyen de leurs familières conversations, propos déceptifs, prédications, confessions et pénitences ».

Henri IV écoute attentivement son fidèle compagnon puis lui explique les raisons pour lesquelles il est au contraire partisan de leur retour. Il lui énumère aussi les garanties, nombreuses, importantes et strictes, dont il compte assortir leur réinstallation en France. Sully n'a, de toute façon, pas le choix. Ses objurgations restent vaines face à la détermination du roi et, en septembre 1603, les lettres de rétablissement de la Compagnie de Jésus sont portées au Parlement de Paris.

La partie n'est pas gagnée pour autant. Le Parlement de Paris est majoritairement hostile aux jésuites, et l'on sait, en ce 1er décembre 1603, qu'il prépare de sévères remontrances au roi contre ce projet. De fait, le premier président, M. de Harlay, viendra en personne les présenter à Henri IV le 24 décembre.

La mort pour demain

Ce sont toutes ces pensées, peut-être, qui roulent tumultueusement sous le crâne du bon roi Henri tandis que Jean de Ravalet attend, pétrifié de respect et d'anxiété, le verdict royal. Pardonner ou punir ? Henri IV n'a pas encore tranché lorsque Marie de Médicis, qui se tenait jusqu'ici à l'écart, s'approche. Peut-on savoir quelle est cette affaire ô combien difficile si l'on en juge par les rides soucieuses qui barrent la figure de son royal époux ? Marie n'a pas bien compris le pourquoi de l'audience, ni ce que ce vieillard de belle allure, visiblement raviné de détresse, essaie d'arracher au roi. On le lui explique. Elle comprend. Une véritable explosion de fureur secoue l'altière Florentine. Comment ose-t-on entretenir le roi de telles horreurs ? N'y a-t-il pas suffisamment de désordres dans ce malheureux pays sans que l'on vienne, à présent, solliciter le pardon pour des incestueux ? Le roi est le roi, il fait ce qu'il veut, mais il serait bien inspiré de ne plus tolérer pareilles monstruosités dans son royaume !

Henri IV ne dit rien. Son silence navré répond assez pour lui. Mais Jean de Ravalet attend toujours. Alors le roi prononce simplement ces quelques mots : « Mon père, je ne saurais devant Dieu pardonner ce crime, il est trop grand, il faudrait qu'un jour j'en rendisse compte à celui qui m'a constitué souverain juge de son peuple. » L'audience est terminée. Il est 3 heures et demie. Jean de Ravalet s'incline devant le roi, devant la reine et, toujours saluant, gagne à reculons la sortie. Villeroy, silencieux, l'accompagne. Marguerite et Julien mourront demain.

CHAPITRE VII

L'ÉCHAFAUD

Affaire numéro 10

Mardi 2 décembre 1603, 7 heures du matin. Les magistrats de la Chambre de la Tournelle commencent leur tâche quotidienne. Ils ont du pain sur la planche : dix-sept arrêts à rendre aujourd'hui, parmi lesquels le plus explosif, le plus délicat, celui de l'affaire Ravalet de Tourlaville ; dans les registres, celle-ci porte le numéro 10 de la liste.

Avant la séance publique, les juges se réunissent en Conseil. Le procureur général est invité à se joindre à eux. Avare de mots, il va droit au fait. Les procédures, conduites suivant les règles, ont permis d'établir la réalité des accusations portées contre Marguerite et Julien de Ravalet. Leur culpabilité n'est pas niable. Que messieurs les juges veuillent bien, par conséquent, rejeter la sentence de question : pourquoi les soumettre à la torture, puisque les preuves rassemblées sont suffisantes ? Que messieurs les juges veuillent bien, par conséquent, rejeter également la requête introduite la veille par les accusés, et qui a un caractère purement dilatoire. Que messieurs les juges veuillent bien, enfin, décider, de ce fait, l'application de la peine prévue par les lois en vigueur pour le crime dont les jeunes gens ont été reconnus coupables : la mort.

Le procureur général s'incline devant les magistrats, l'appariteur se précipite, lui ouvre la porte, la referme derrière lui. Il est à peu près 8 heures. Messieurs les juges de la Chambre de la Tournelle sont de nouveau seuls. Le moment de décider la sentence est enfin venu. Heure de la vérité suprême. Quelqu'un doute-t-il encore ? Non. Les jeux sont faits. Le président interroge à la ronde les magistrats. Ils opinent, unanimes. Julien et Marguerite de Tourlaville sont condamnés à avoir la tête tranchée.

Préparatifs

Les juges reviennent en séance publique. Ils ont rendu justice. La foule qui se presse, encore plus nombreuse que la veille, attend impatiemment la lecture de l'arrêt. Celle-ci tarde. Y aurait-il quelque nouvel artifice, une manœuvre, un remords ? Nullement. Mais le greffier est tout bonnement occupé à d'autres tâches : Daniel Voisin a été prié de mander le bourreau Jean-Guillaume au greffe pour lui communiquer la sentence et lui ordonner de prendre ses dispositions en conséquence. Jean-Guillaume, accompagné du charpentier des hautes œuvres, gagne la place de Grève pour assembler sans perdre une minute l'échafaud sinistre.

A cette époque, l'échafaud est souvent désigné du nom de *théâtre*. Et c'est bien, en effet, à une représentation macabre que nous allons assister.

Le *théâtre* est une estrade élevée, construite à l'économie, avec un escalier d'une dizaine de marches menant à une plate-forme sommaire de quelque vingt pieds carrés ; le tout, culminant à quatre mètres de hauteur, est ainsi parfaitement visible à partir de la place de Grève et des rues adjacentes.

Sur ce vaste espace, situé à l'emplacement de notre actuelle place de l'Hôtel-de-Ville, les curieux affluent. La Grève, qui s'abaisse en pente douce vers la Seine (les quais n'existent pas), est le noyau, le cœur, du port de Paris. Les bateaux ventrus qui ont descendu l'Yonne puis la Seine depuis Montereau apportent là les blés, les légumes et les vins que réclame l'alimentation de la grande ville. Là s'entassent aussi les balles de laine, les amas de bois flottés, les barres de métal qui vont nourrir les ateliers des artisans parisiens. La réputation des drapiers, des menuisiers ou des forgerons de la capitale n'est plus à faire. La bourgeoisie parisienne, siècle après siècle, a appris à connaître la valeur du travail, le pouvoir de l'argent — et la griserie que donne le sentiment de sa propre puissance face au roi, face au populaire. Celui-ci, c'est la canaille — paysans déracinés, apprentis sans emploi, marginaux et vagabonds. Quand les ventres crient famine, la canaille sait que le moment où le bourgeois vient en place de Grève prendre livraison de ses marchandises est celui où la chance va peut-être vous permettre de louer votre force ou votre savoir-faire. « Faire la grève » dira plus tard la malignité publique, confondant sous une même étiquette le sans-travail volontaire et le chômeur forcé.

Mais en ce 2 décembre de l'an de grâce 1603, bateliers, artisans, ouvriers et simples curieux ont bien autre chose à se mettre sous la dent : un spectacle de choix, le supplice des Ravalet. La voix publique dit qu'ils sont jeunes, beaux ; frère et sœur, ils ont commis ensemble le double péché d'adultère et d'inceste. On va se régaler.

A l'hôtel de ville, le lieutenant civil François Miron, le lieutenant criminel Lugoli, et le chevalier du guet, capitaine Testu, sont réunis afin d'arrêter les mesures que réclame le maintien de l'ordre. On attend la foule des grands jours. Pour la contenir, 208 archers à pied et 32 archers à cheval avec leurs 4 lieutenants, renforcés par les gardes et hallebardiers particuliers de la ville, vicomté et prévôté de Paris, vont être mobilisés. Il est 9 heures quand le service d'ordre se met en place. La foule s'électrise à la vue des préparatifs de la fête sanglante qui s'annonce. La rumeur s'enfle, déferle par les rues de la ville : on va couper le cou aux Ravalet. Dans les maisons qui bordent la place de Grève déboulent les valets des plus grands noms de la noblesse de France venus louer à prix d'or les meilleures fenêtres pour leurs maîtres en mal d'excitation.

Tombe la sentence

Marguerite et Julien, eux, ne savent encore rien. Ils sont à la Conciergerie, dans leurs cachots respectifs, toujours cajolés et choyés par le geôlier et la geôlière.

Il est 10 heures quand le greffier fait signe aux magistrats. Le moment est venu de passer au dernier acte de la pièce. Les juges suspendent la séance et se retirent en Chambre du Conseil. Un rapide coup d'œil sur le jugement. Tout est en ordre. Daniel Voisin connaît son métier. Prêts ? Messieurs, le public nous attend — les magistrats rentrent dans la salle. Instantanément, le silence se fait, tandis que commence la lecture du jugement. Le voici, dans toute la saveur du style judiciaire et de l'orthographe incertaine de l'époque :

« Veu par la Court le procès criminel faict par le prévost de Paris ou son lieutenant criminel, à la requeste de Jehan Lefebvre, escuier, sieur de Haupitois, recepveur des aydes et tailles de l'eslection de Vallongnes en Normandie, bailliage de Costantin, demandeur, le substitut du Procureur Général du Roy joinct, contre Julien de Tourlaville, sieur de Harville, et damoiselle Marguerite de Tourlaville, sa sœur, et femme dudit Lefebvre, et Robert Agnès, tailleur d'habitz, tous demeurans et natifz dudit lieu de Tourlaville, prisonniers es prison de la Conciergerie du palays ; Lesditz Julien et Marguerite de Tourlaville appelans tant des ordonnances du prévost de Paris, ou son lieutenant criminel, des dix et unze septembre, et de la sentence du dix neufiesme dudit mois, que de la sentence contre eux donnée le cinquièsme jour de novembre dernier, par laquelle, avant que procedder au jugement deffinitif dudit procès d'entre lesdites parties, aurait esté ordonné que lesditz Julien et Marguerite de Tourlaville seraient applicquez à la question, pour icelle avoir et souffrir, tant ordinaire que extraordinaire, et tirer par leur bouche la vérité du crime d'inceste dont ils sont prévenuz et accusez, sans préjudice de la réparation requise par ledit demandeur pour raison de l'adultère commis par ladite damoiselle Marguerite de Tourlaville, et sauf à y fere droict ; Le procès verbal de ladite question veu et rapporté, et cependant demoureroit ledit Robert Agnès en l'estat, tous despens, dommaiges et interestz reservez en definitive, de laquelle sentence ledit Lefebvre auroit appelé ; Responces par aténuation fournies par lesditz accusez contre les demandes et conclusions civiles dudit Le Febvre ; Production desditz accusez ; Requeste par eux présentée le premier du present mois — aux fins y contenues ; Ouy sur icelle le commissaire Chassebras, et veu les minuttes des informacions par luy faictes contre lesdictz accusez et par luy représentées en ladicte cour ; Ouiz et interrogez en icelle court lesdictz Julien et Marguerite de Tourlaville sur leurs causes d'appel et cas à eux imposez ; Ouy ledit Agnetz en icelle court, auquel ladite Marguerite de Tourlaville auroit esté confrontée ; Ouy aussy le Procureur Général du Roy, lequel, comme de nouvel venu à sa cognoissance, se seroit porté appelant *a minima* de ladicte sentence, requis estre tenu pour bien rellevé et droict luy estre faict sur son appel et conclusions; Et tout considéré. — Dict a esté, pour le regard des appellations interjetées par lesditz Julien et Marguerite de Tourlaville, que mal et sans grief ilz ont appellé et l'amanderont à ladicte Court; Receu et receoit le procureur général appelant de ladicte sentence, l'a tenu et tient pour bien rellevé, et faisant droict sur sondict appel et conclusions, ensemble sur l'appel dudict Le Febvre, a mis et mect ladicte appellacion et sentence de laquelle a esté appelé au néant sans amende; Et pour l'inceste et adultère commis par lesdictz Julien et Marguerite de Tourlaville, les a condamnez et condamne a estre decapitez sur ung eschaffault qui sera pour cest effect dressé en la place de Grève de ceste ville de Paris, leurs testes et corps portez à Monfaulcon; A déclaré et déclare tous et chacuns leurs biens acquis et confisquez a qui il appartiendra, sur lesquelz et autres non subjectz à confiscation, et sur l'un d'eux seul et pour le tout, sera préalablement pris la somme de huict cens livres parisis d'amende adjugée au Roy; A privé et prive ladicte Marguerite de Tourlaville de sa dot et toutes autres conventions matrimoniales qu'elle eust peu prétendre en vertu du contract de mariage faict entre ledict Le Febvre et elle, et les a adjugées et adjuge audict Le Febvre pour réparation civile et pour en joir par luy en propriété; Condampne en outre lesdictz Jullien et Marguerite de Tourlaville aux despens du procès; Ordonne ladicte court que l'enffant, duquel ladicte Marguerite de Tourlaville est accouchée estant prisonnière, sera nourry aux despens du père de Tourlaville, et pour cest effect sera tenu bailler et payer la somme de cinquante livres par chacun an, deux ans durant, lesquelz passez prendra ledict enffant pour icelluy faire nourrir et entretenir; Et quant audict Agnès ladicte Court l'a absoubz et absoubz de ladicte accusation a luy imposée; Ordonné que les prisons luy seront ouvertes, condampné ladicte Marguerite de Tourlaville en ses dommaiges et interestz, lesquelz ladicte Cour a liquidez et moderez a cent livres parisis, et outre aux despens du procès pour son regard. Prononcé et exécuté pour lesdictz Jullian et Marguerite de Tourlaville, le deuxièsme decembre, et prononcé audict Agnès pour ce ataint au guichet desdictes prisons du Châtelet, le troisiesme dudict mois XVIe trois. »

« Molé, Courtin. »

On s'y attendait, évidemment, mais l'espoir a la vie dure. Dans l'assistance, certains pleurent, d'autres s'indignent. La solidarité des Lefebvre, des cocus, des jaloux, des amis de l'ordre et de la morale, se manifeste discrètement dans la foule houleuse où s'échangent quelques invectives. Ainsi, Lefebvre a finalement gagné. Il venge son honneur, et garde la dot de la belle Ravalet.

Henri IV n'a quand même pas voulu que la revanche du receveur aille jusqu'à son terme. Pour prix de sa fierté blessée, Lefebvre empoche certes la mort de sa femme, et l'argent de la belle-famille. Mais le souverain, qui est à la fois le gardien des lois et le premier gentilhomme de France, a concédé une faveur, une seule, à la noble race des Ravalet : les corps des suppliciés ne seront pas dépouillés ainsi que le veut l'usage, ils ne seront pas conduits au charnier de Montfaucon. Par égard pour le nom de Ravalet, les enfants du seigneur de Tourlaville auront droit à une sépulture honorable en terre chrétienne.

Vers 11 heures, Marguerite et Julien sont extraits de leurs cachots respectifs et conduits dans la chapelle de la Conciergerie. Bonheur de se retrouver, regards complices des deux amants séparés depuis près de deux mois. Le greffier Daniel Voisin est là, ainsi qu'un substitut du procureur général. On procède à l'inventaire de leurs effets personnels, des objets qui les ont accompagnés dans leur longue captivité. Le conseiller Courtin entre à son tour, les salue, tandis que les formalités s'achèvent. Peut-être les Ravalet ont-ils deviné, compris. Un silence, puis Courtin, d'un signe de tête, invite le greffier à lire la sentence.

Marguerite et Julien de Ravalet écoutent sans rien dire, mais, sitôt la lecture terminée, d'une même voix les voici qui protestent, clament, se récrient. Ils sont innocents, innocents, entendez-vous ? C'est à tort qu'on les condamne. Devant Dieu, devant les hommes, ils le répètent : le crime dont on les accuse est purement imaginaire.

L'heure du bourreau

Entre alors le bourreau Jean-Guillaume qui observe la scène d'un œil gêné. Entre derrière lui Fusi, curé de Saint-Barthélemy, une église aujourd'hui disparue, qui s'élevait dans l'île de la Cité tout près du Palais de Justice ; il possède le privilège de confesser les condamnés à mort et de les accompagner jusque sur le lieu de leur supplice. Fusi congédie l'aumônier de la prison et, prenant Julien et Marguerite à part dans un angle de la pièce, il entreprend de les confesser tour à tour. Le bourreau est reparti s'assurer que les préparatifs de l'exécution se déroulent normalement. Au milieu de la pièce, Courtin et Voisin, patiemment, attendent. La confession se termine, Marguerite revient vers eux, les interpelle : elle seule est coupable ; qu'on laisse vivre Julien ! Mais Courtin refuse d'enregistrer, comme elle le demande, les paroles de Marguerite. Les juges ont prononcé, la sentence est définitive, il faut maintenant que justice soit faite.

Voici justement le bourreau qui revient. Il s'approche de Marguerite, lui demande pardon. Il doit lui enlever son manteau, les effets inutiles qui appartiennent, de droit, au bourreau. Marguerite se prête de bonne grâce à toutes ses demandes. Quand Jean-Guillaume en a fini avec elle, il s'approche de Julien ; le jeune homme a-t-il eu un geste de recul, un haut-le-cœur ? Marguerite, en tout cas, a senti quelque chose, et c'est d'une voix ferme, presque gaie, qu'elle l'exhorte à accepter la mort, une mort méritée en châtiment de leur crime. Jean-Guillaume, alors, lie les mains de Marguerite par-devant la poitrine, celles de Julien derrière le dos. Allons, il faut partir, maintenant.

Les condamnés remercient le geôlier, la geôlière. Midi sonne. Marguerite et Julien sont conduits à la Cour de Mai, à côté de la Sainte-Chapelle, où les attend le tombereau découvert des exécutions capitales. En 1610, il conduira au supplice Ravaillac, l'assassin d'Henri IV, en 1617, Léonora Galigaï, la confidente de cette Marie de Médicis à qui les Ravalet doivent un peu leur rendez-vous avec la mort. Aujourd'hui, 2 décembre 1603, dans l'air pur et sec qui s'est installé sur Paris après plusieurs jours de pluie, le tombereau des suppliciés s'ébranle de la Cour de Mai, emportant, sagement assis, Marguerite et Julien de Ravalet. Comme ils sont jeunes, comme ils sont beaux ! entend-on dans la foule tandis qu'ils passent entre les grappes humaines agglutinées le long du trajet qui va les mener du Palais de Justice à la place de Grève.

Le conseiller Courtin, le greffier et le substitut sont montés dans le carrosse du premier président pour gagner l'hôtel de ville d'où ils assisteront, comme le veut la loi, à l'exécution de l'arrêt.

91

Le tombereau avance lentement. Aux exclamations d'admiration et de pitié se mêlent maintenant des prières, des sanglots, des cris de « Grâce ! Grâce ! ». Impassibles, les deux jeunes gens, un vague sourire flottant sur leurs lèvres, semblent déjà sortis de ce monde. Des mouvements de houle agitent la foule des badauds, tandis que le cri de « Grâce ! Grâce ! » s'enfle dans les rues. Les archers serrent les rangs, font au tombereau un rempart de leurs corps. Il est 1 heure lorsque le cortège débouche enfin sur la place de Grève. Marguerite, debout, regarde. Le tombereau est arrivé à destination ; il s'arrête près de la grande Croix de Grève. C'est là que, prévoyant, s'était posté le peintre Du Moustier. A grands coups de crayon, vite, il saisit les traits de Marguerite. Mourir à cet âge, dans la fleur de sa beauté !

L'épée de justice

Marguerite et Julien sont conduits au pied du théâtre. Marguerite mourra la première. Fusi, auprès d'elle, renouvelle l'absolution tandis qu'elle gravit une à une les marches escarpées de l'échafaud.

Un témoin racontera plus tard que Marguerite était montée sur l'échafaud « avec tant de courage et de résolution que tout le monde admirait sa constance. Tous les assistants ne pouvaient défendre à leurs yeux de pleurer cette beauté... L'on eût dit, quand elle monta sur l'échafaud, qu'elle allait jouer une feinte tragédie, et non une véritable ».

Marguerite arrive en haut des marches. Elle demande qu'on lui délie les mains, enlève elle-même son rabat, son collier. Jean-Guillaume s'approche, une paire de ciseaux à la main, pour couper les cheveux de la jeune fille et échancrer le col de sa chemise de façon que rien ne risque de gêner le passage de l'épée de justice quand elle viendra s'abattre sur la nuque frêle. Mais Marguerite refuse, elle ne veut pas de ciseaux. Elle écarte elle-même ses cheveux qu'elle rejette en avant, dégageant ainsi toute la nuque, elle se bande les yeux avec son mouchoir, baisse le regard vers le sol, et prononce d'une voix qui ne tremble pas : « *In manus tuas, domine* », « Entre tes mains, seigneur. » Jean-Guillaume, d'un vif élan, abat la longue et lourde épée à un seul tranchant. La tête se détache du tronc. Marguerite est morte.

Le sang jaillit. Le valet qui assiste Jean-Guillaume dans sa tâche macabre se précipite. Il ramasse la tête, tire de côté les pauvres restes. Soudain, la foule gronde, insulte le valet. Celui-ci, interdit, s'immobilise, tandis que Jean-Guillaume se retourne. Qu'a-t-il fait, le maraud ? La foule accuse : en traînant le corps de Marguerite il a retroussé sa robe, laissant voir impudiquement les jambes, peut-être même le haut des cuisses. N'est-ce pas assez d'avoir fait périr Marguerite, faut-il en outre la déshonorer ? Rapidement, Jean-Guillaume aide son valet à redonner au corps une allure plus décente tandis que Fusi s'apprête à conduire Julien à son tour au sommet de l'échafaud.

Le jeune Ravalet monte d'un pas ferme. Il ne veut pas de bandeau. Le valet lui enlève son manteau court, son pourpoint. Le bourreau coupe ses longues mèches.

Notre témoin est toujours là. Il se souvient. « Tout le monde pleurait encore à chaudes larmes quand on fit mourir le frère sur l'échafaud. Si la compassion avait ému l'assemblée pour le sujet de la sœur, la pitié qu'elle eut pour celui du frère ne la toucha pas moins. Il ne pouvait avoir que vingt ans, et à peine le petit coton, messager de jeunesse, paraissait à ses joues. Il était le vivant portrait de sa sœur... Et par conséquent doué d'excellente beauté. »

Julien, à la dérobée, regarde le cadavre de sa sœur. Va-t-il manquer de courage ? Le bourreau, à nouveau, propose de lui bander les yeux, mais Julien, une seconde fois, refuse. Il est prêt. Il s'agenouille. « *In manus tuas, domine* ». Un sifflement. Comme pour Marguerite, l'épée de justice, maniée de main de maître par Jean-Guillaume, a séparé d'un seul coup la jeune tête du tronc.

Les deux cadavres sont maintenant alignés côte à côte sur le bord de la plate-forme. Les corps ne seront pas dépouillés puisque le roi a permis que Marguerite et Julien de Ravalet reçoivent une sépulture chrétienne. La foule, lentement, s'écoule, tandis que Fusi monte seul la garde auprès des cadavres, ayant congédié le bourreau et son valet. Il attend le père des suppliciés, mais celui-ci tarde. Quelques badauds agglutinés près de l'échafaud cherchent à voir. Les archers demeurés sur place les repoussent. Que fait donc le père ?

Fusi, alors, descend, du théâtre, dont il confie la protection aux archers. Il s'en va au couvent des Haudriettes, réclame leur assistance, les conduit à l'échafaud et leur demande de veiller sur les corps en priant pour l'âme des malheureux. Puis il repart pour l'hôpital du Saint-Esprit, obtient deux cercueils et l'aide de quelques frères.

Deux heures plus tard, Marguerite et Julien sont mis en bière. Le père n'est toujours pas là. Fusi se demande s'il ne l'attend pas par hasard à Saint-Barthélemy. Il décide de s'y rendre et voilà que, juste à l'entrée du pont, il aperçoit la silhouette prostrée du seigneur de Ravalet. Doucement, Fusi lui touche l'épaule, lui dit de le suivre et l'emmène jusqu'à l'échafaud, auprès des cercueils, avant de conduire ceux-ci à Saint-Jean-de-Grève, chez son ami le curé Filesac. Il est près de 5 heures quand les cercueils arrivent, tandis que les charpentiers démolissent l'échafaud. La nuit tombe

vite. A Saint-Jean-de-Grève, on dit la messe des morts.
Il en coûtera 70 livres tout compris au seigneur de
Ravalet. Les corps sont enterrés à gauche du porche, à
l'entrée de la Chapelle de la Communion.

Le père s'apprête à regagner sa Normandie.

Dans l'église Saint-Jean-de-Grève on pouvait encore
lire, au début du XIXe siècle, l'épitaphe des Ravalet :

> *Cy-gisent le frère et la sœur.*
> *Passant, ne t'informe point*
> *De la cause de leur mort.*
> *Passe et prie Dieu*
> *Pour leur âme.*

Deuxième partie

DEUX MORTS EN QUESTION

« Un me suffit ». Marguerite et l'Amour aux ailes sanglantes. Au fond le château de Tourlaville où se trouve actuellement ce tableau du xviie siècle.

La château de Tourlaville avant sa restauration.

La chambre de Marguerite.

Le chemin de la chênaie — dans le parc du château — qu'empruntaient souvent Julien et Marguerite de Ravalet.

L'église de Notre-Dame de Tourlaville, où Marguerite, à treize ans, fut mariée à Jean Lefebvre, seigneur de Hautpitois, âgé de quarante-cinq ans.

C'est dans l'hôtel Hautpitois, à Valognes, que la jeune épouse commença une vie conjugale où les sévices furent quotidiens.

Julien et Marguerite affectionnaient l'abbaye de Hambye et son propriétaire, leur oncle Jean II de Ravalet.

Après avoir quitté le domicile conjugal, Marguerite s'installe à Fougères dans une auberge non loin des remparts. Julien l'y rejoindra.

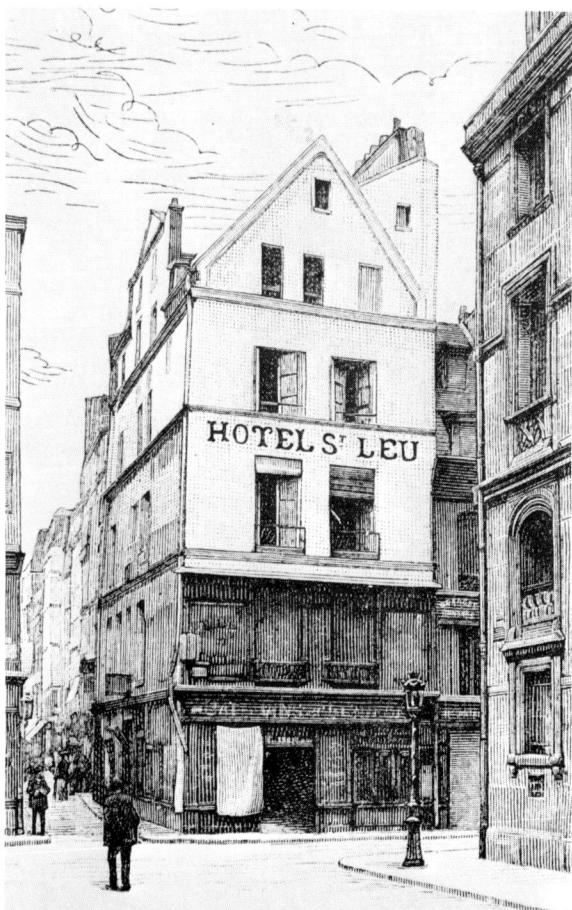

L'hôtellerie Saint-Leu, rue Saint-Denis, à Paris (gravure du XIXᵉ siècle). C'est dans cette maison que furent arrêtés le frère et la sœur.

Les amants. *(Coll. part.)*

Paris au temps d'Henri IV, le quartier de la rue Saint-Denis. *(B.N.)*

Nicolas de Neufville de Villeroy, proche du roi, fut le seul à demander la clémence pour les adolescents.

Henri IV refusa à Jean de Ravalet la grâce.

Le Palais de justice à Paris.

L'arrêt de mort des Ravalet.

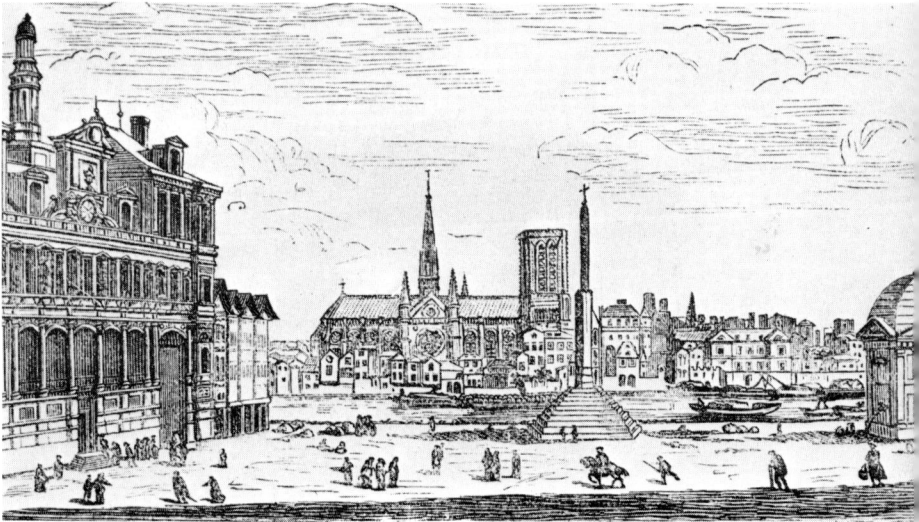

La place de Grève (aujourd'hui place de l'Hôtel-de-Ville, à Paris), haut lieu des exécutions capitales. L'échafaud des Ravalet était dressé entre la croix et le personnage à cheval.

CY GISENT LE FRERE ET
LA SŒVR + PASSANT, NE
T'INFORME POINCT DE LA
CAVSE DE LEVR MORT,
PASSE ET PRIE DIEV POVR
LEVR AME +

L'épitaphe de Marguerite et Julien qui figurait sur la pierre tombale dans l'église Saint-Jean-en-Grève (démolie en 1802).

Notre-Dame-de-Protection à Valognes (aujourd'hui hôpital de la ville) fondé par Madeleine de Ravalet après la mort de sa fille et de son fils.

Le château de Tourlaville aujourd'hui. Il appartient à la ville de Cherbourg.

On voudrait, comme nous y invite l'épitaphe des jeunes incestueux, faire silence après le supplice, passer et prier pour le repos de leur âme. Mais voilà : la mort de Marguerite et de Julien fit trop de bruit, dès cette époque, et posa trop de questions, alors et par la suite, pour que l'affaire Ravalet puisse être considérée comme close au soir du 2 décembre 1603.

CHAPITRE VIII

ET LA VIE CONTINUE

Les jésuites reviennent

Le mardi 9 décembre 1603, Henri IV annonçait à la Cour son intention irrévocable de rétablir les jésuites en France nonobstant toutes déclarations contraires ou remontrances de quelque institution que ce soit.

Le 24 décembre, le Parlement de Paris envoie son premier président, M. de Harlay, à la tête d'une imposante délégation, présenter personnellement au roi les objections que soulève à ses yeux le retour de la Compagnie de Jésus.

Le Parlement de Paris n'omet aucun des reproches qu'on peut faire aux jésuites : leur vœu d'obéissance au pape qui l'emporte sur leur devoir de loyalisme vis-à-vis du roi de France; leur adhésion à la doctrine qui autorise le souverain pontife à excommunier les rois et à délier leurs sujets du serment de fidélité à leur égard; leur prétention à diriger l'esprit de la jeunesse.

En conclusion, le premier président de Harlay, au nom du Parlement de Paris, demande au roi de renoncer à son projet.

Henri IV, après avoir chaleureusement remercié le Parlement, répond en forme de pirouette. Oui, tous les griefs énoncés par l'éminente assemblée sont fondés.

Non, il ne s'ensuit pas qu'il faille, de ce fait, continuer d'interdire les jésuites. Car il importe, poursuit le bon roi, de savoir faire confiance à l'avenir en certaines circonstances. Et c'est aujourd'hui le cas. Le rétablissement des jésuites est un pari. Henri IV a décidé de le jouer. « Laissez-moi conduire cette affaire, déclare-t-il en conclusion, j'en ai manié d'autres bien plus difficiles. »

Le 2 janvier 1604, le Parlement de Paris enregistre l'édit de rétablissement des jésuites. Dans les semaines qui suivent, le Parlement de Rouen, puis, peu à peu, les autres Parlements, obtempèrent de même.

La décision d'Henri IV a un énorme retentissement. Les protestants s'alarment, tout comme les catholiques nationalistes et modérés qu'inquiète la soumission absolue des jésuites à ce souverain étranger qu'est le pape.

Mais l'autorité et le charisme d'Henri IV font leur effet, les passions s'apaisent. Les années qui suivent donnent raison au calcul du bon roi : plus un attentat, plus un seul de ces pamphlets vengeurs comme il y en avait eu tellement jusque-là, appelant à punir dans la personne d'Henri IV l'ancien protestant soupçonné de sympathies suspectes à l'égard des huguenots.

Henri IV peut désormais se consacrer l'esprit plus libre aux affaires du pays.

Rebâtir la France

Il y a d'abord toute une France à reconstruire dans la paix. « Labourage et pâturage sont les deux mamelles de la France », aurait dit Sully. Même s'il n'a pas prononcé ces paroles historiques, la politique économique qu'il inspire illustre la priorité donnée à l'agriculture. Fait sans précédent, et dont la suite des temps donne également peu d'exemples, l'impôt diminue : la taille, qui frappe essentiellement les paysans et les artisans des campagnes, voit année après année son montant s'abaisser, tandis qu'Henri IV et Sully font la chasse aux dépenses inutiles.

Parmi celles-ci, il en est sur lesquelles Henri IV rogne sans trop se faire prier ; ce sont les pensions versées à la noblesse. Le temps de la reconnaissance est terminé. Fini les amnisties généreusement distribuées qui permettaient de passer l'éponge sur les crimes commis pendant les guerres de Religion. Fini aussi la générosité du roi vis-à-vis des nuées d'anciens combattants besogneux et quémandeurs qui viennent encombrer l'antichambre royale.

Les Ravalet ont fait à leurs dépens l'expérience de cette volonté toute neuve de laisser la justice s'exercer sans entrave. Combien d'autres familles nobles devront abandonner elles aussi toute illusion et, quittant Paris les mains vides, regagner leurs provinces munies du seul encouragement d'Henri IV à bien cultiver leurs terres dans le respect de la loi commune.

Un gentilhomme du Vivarais, Olivier de Serres, publie à l'intention de ses confrères en petite noblesse provinciale et paysanne le *Théâtre d'agriculture,* qui donne des conseils pratiques pour la mise en valeur des terres et la bonne gestion des exploitations agricoles. Henri IV lance ce livre en vantant publiquement ses mérites et la qualité exemplaire des avis qu'il contient. L'ouvrage connaît un immense succès.

Les propriétés nobiliaires se reconstituent, les revenus augmentent, les paysans vivent mieux. La poule au pot chaque dimanche n'a peut-être été qu'un idéal, mais ce mythe, immensément populaire, devait rester attaché au nom d'Henri IV pour la suite des temps.

Il est un domaine dans lequel Henri IV se montre moins sage, et c'est son goût pour les bâtiments. Le roi aime construire. Paris lui doit la grande galerie du Louvre, la place des Vosges alors dénommée place Royale, la place Dauphine et l'aménagement de la pointe de l'île de la Cité, la rue Dauphine. Henri IV fut sans doute le premier urbaniste de Paris, le premier qui ait voulu donner à la capitale une organisation, un ordre dignes d'un pays moderne.

Henriette, Marie,...

Henri IV a également d'autres faiblesses, assurément sympathiques, mais qui ont le tort de perturber son équilibre personnel, celui de son entourage et qui, au demeurant, et c'est sans doute le plus grave, font peser sur le régime une réelle menace : ce sont les femmes.

L'année 1604 est pour Henri IV l'année de tous les périls. Henriette d'Entragues, marquise de Verneuil, ne se console pas d'avoir dû laisser la place de reine à Marie de Médicis. Titulaire d'une promesse de mariage, quelle qu'en soit la valeur (les contemporains se délectent à en discuter), Henriette prétend avoir davantage de titres que Marie. La vraie femme du roi, c'est elle ; la Florentine est une usurpatrice ; par conséquent son fils, le petit Gaston-Henri de Verneuil, est le véritable héritier de la couronne aux lieu et place du dauphin Louis, le futur Louis XIII.

Marie de Médicis, consciente du danger, exige d'Henri IV qu'il se fasse restituer la fameuse promesse. Dosant habilement pressions et menaces, le roi, le 2 juillet 1604, obtient satisfaction. Mais les choses ont déjà pris fort vilaine tournure, car toute la famille d'Entragues, pratiquant une dangereuse escalade, s'est lancée dans un vaste complot avec l'Espagne. Un plan détaillé a été mis au point. Il consiste à conduire

Gaston-Henri jusqu'à la frontière la plus proche, celle de la Somme, pour le proclamer roi de France, en remplacement d'Henri IV qui serait déclaré sénile, débauché et incapable de régner. L'Espagne, bien entendu, et les puissances amies de Madrid s'empresseraient de reconnaître le petit Gaston-Henri. Il ne resterait plus ensuite qu'à se rendre à Paris, où un soulèvement aurait eu raison d'Henri IV — à moins que l'assassinat ne l'enlève opportunément à l'affection de ses peuples.

Nombre de grands seigneurs ont promis leur concours, le duc d'Épernon, gouverneur de Metz, le duc de Montmorency, en Languedoc, Bellegarde, en Guyenne, les gouverneurs du Dauphiné, du Poitou, d'autres encore.

Henri IV finit par avoir vent de quelque chose et fait arrêter toute la famille d'Entragues. Les papiers découverts sur le père d'Henriette révèlent l'étendue de la conspiration. Il faudrait immédiatement saisir la justice. Mais Henri IV, toujours épris d'Henriette, trouve mille et un prétextes pour n'en rien faire. L'ambassadeur de Florence à Paris observe que l'amour qui ronge le roi « l'entretient dans le désir de se retrouver avec elle, et il attache plus de prix à ne point exciter son ressentiment qu'à sauver sa propre vie et son honneur ».

Outrée, Marie de Médicis réagit. Elle va emporter la décision, prononcer les paroles nécessaires pour montrer à Henri IV la catastrophe qui menace son royaume s'il ne sévit pas avec fermeté. Les coupables sont enfin déférés au Parlement et jugés. Le 1er février 1605, le comte d'Entragues, père d'Henriette, et le comte d'Auvergne, son demi-frère, sont condamnés à mort, Henriette elle-même à la réclusion perpétuelle. Pendant quatre jours, on peut se demander si la sentence ne va pas être exécutée. Quatre jours, c'est le temps qu'il faut à Henriette pour reprendre possession d'Henri IV. La marquise de Verneuil est remise en liberté, son père est gracié, seul le comte d'Auvergne restera en prison, Henri IV ayant commué sa condamnation à mort en réclusion à perpétuité.

Quelques semaines plus tard, on voit la marquise de Verneuil reparaître à la Cour plus triomphante que jamais — au grand dam de Marie de Médicis. Les reproches de celle-ci se font plus véhéments, les récriminations, puis les scènes de ménage se succèdent à un rythme accéléré.

Jacqueline, Charlotte

L'éclipse momentanée d'Henriette n'aura finalement guère profité à Marie. Pendant l'été 1604, lorsqu'a éclaté la conspiration d'Entragues, Henri IV, par jeu ou par désœuvrement, s'est mis à courtiser Jacqueline de Bueil. C'est une parente de la princesse de Condé laquelle, ayant remarqué l'intérêt du roi, fait en sorte de quitter la Cour avec Mlle de Bueil. Furieux, Henri IV lui donne l'ordre de revenir et, dès lors, ne fait plus trop mystère de ses intentions.

Dans l'entourage d'Henri IV, on s'indigne, et il ne manque pas de gentilshommes pour déclarer qu'ils n'hésiteraient pas à tirer l'épée s'il leur fallait défendre leurs filles contre la lubricité du roi.

Les ministres, en revanche, se réjouissent, car ils comptent sur l'étoile montante de Jacqueline de Bueil pour détacher définitivement Henri IV de la marquise de Verneuil. On s'entremet, on négocie. Le rôle qu'on destine à Jacqueline ne lui déplaît finalement pas trop. Elle se déclare disposée à céder, mais à une condition : que le roi s'occupe d'abord de son établissement. Marché conclu. Henri IV la marie, lui donne

150 000 livres, le titre de comtesse de Moret — et lui fait un fils, le petit comte de Moret.

Mais Henri IV se lasse bientôt de Jacqueline de Bueil et, dès février 1605, retombe dans les bras d'Henriette — qui doit cependant partager les faveurs du roi avec encore une nouvelle venue, Charlotte des Essarts ; Charlotte aura deux filles d'Henri IV.

La marquise de Verneuil n'a pas tardé à recommencer ses intrigues. Le but est toujours le même : faire reconnaître Gaston-Henri comme héritier légitime de la couronne. Marie de Médicis riposte, souvent avec maladresse. Elle s'en prend à Sully, l'homme pourtant le moins complaisant qui soit à l'égard d'Henriette, proclame que tous les Français sont des traîtres, et passe d'interminables heures à dresser des plans en compagnie des Concini dans le vain espoir de reprendre le contrôle du roi.

Henri IV boude ; Marie de Médicis ne lui parle plus ; les ministres font la navette entre les époux, les missions de bons offices se multiplient. Hélas ! les raccommodages ne durent pas huit jours. Avec le temps, les blessures nées des brouilles s'accumulent, les conflits se durcissent. En 1606, Marie de Médicis se précipite sur Henri IV le poing en avant ; Sully a juste le temps de la retenir. Marie hurle, fond en larmes.

Henri IV, toujours alerte, évolue d'un cœur léger entre Marie, Henriette, Jacqueline et Charlotte, cajolant tour à tour les mamans et leurs enfants. S'agissant des enfants d'ailleurs, Henri IV a trouvé la solution : il les fait élever tous ensemble au château de Saint-Germain-en-Laye. Son plus grand plaisir est d'aller chaque fois que possible jouer avec eux, les taquiner, suivre leurs progrès, embrassant d'un regard plein de fierté sa nombreuse progéniture.

Si Henri le prolifique est satisfait, il est moins sûr que

107

le régime y gagne en stabilité et en considération. A quoi bon la rigueur quand elle n'est pas suivie d'effet ? Dès le retour d'Henriette à la Cour, les complots sont repartis de plus belle. Tout le monde conspire, les d'Entragues, bien sûr, mais aussi d'Épernon, et Bouillon, et tant d'autres. Le roi s'efforce en vain de démêler les fils des mille et une toiles d'araignée où tant d'intérêts s'agitent.

Quand Henri IV, le 14 mai 1610, tombe sous le couteau de Ravaillac, bien malin qui pourrait dire avec certitude d'où est parti le coup.

Le 2 décembre 1603, place de Grève à Paris, le bourreau du roi avait tranché les jeunes têtes de Marguerite et de Julien de Ravalet. Sont-ils morts pour la morale, pour l'ordre, au nom du roi juste — ou pour complaire l'espace d'un moment à Marie de Médicis, au Parlement, à la Compagnie de Jésus ? Morts pour l'honneur des peuples de France ou pour permettre au Vert Galant de se refaire une vertu au prix de leur jeune sang ?

Après l'orage

A côté de ceux qui font l'histoire, la vie continue aussi pour les petits, les sans-grade. Les protagonistes divers et variés de l'affaire Ravalet retournent peu à peu dans l'ombre, reprenant le fil de leurs existences discrètes ou obscures.

Le 3 décembre 1603, Robert Agnès, sorti de prison, regagne son Cotentin natal. On n'entendra plus jamais parler de lui.

Jean III de Ravalet, le père des incestueux, a lui aussi quitté Paris. A peine arrivé à Tourlaville, il en repart pour un pèlerinage qui le conduit avec sa femme Madeleine à la Délivrande et au mont Saint-Michel.

Jean II, l'abbé de Hambye, lorsque lui parvient la nouvelle de l'exécution de Marguerite et Julien, abandonne toutes ses charges, sauf l'abbaye de Hambye, qu'il conserve sur l'injonction formelle de l'évêque de Coutances. Il se rend aussitôt après au château de Tourlaville, où il fait découronner la tour qui abritait la chambre de Julien, puis s'enferme au manoir du Rozel. Il s'y cloître, il s'y terre, jusqu'à ce que la mort vienne l'y chercher le 24 février 1604. L'abbé de Hambye n'aura pas survécu trois mois au supplice de ses petits-neveu et nièce.

Les parents Ravalet n'ont d'autre souci sur cette terre que d'y mener une existence exemplaire, dont la dignité et la piété fassent si possible oublier la faute de leurs enfants.

En 1623, le couple cède sa maison de Cherbourg aux bénédictines pour leur permettre d'y installer un nouveau couvent.

En 1624, Jean III de Ravalet, toujours grand maître des Eaux et Forêts de Normandie, est nommé gentilhomme ordinaire de la Chambre du roi, et reçoit le titre de chevalier.

En mai 1635, Mme de Ravalet fonde à Valognes le monastère de Notre-Dame de Protection, qui deviendra abbaye royale en 1646.

Nul opprobre ne frappe Jean et Madeleine de Ravalet, au contraire, quand on voit l'empressement que mettent les familles de la noblesse et de la bonne bourgeoisie locales à les solliciter pour qu'ils acceptent d'être parrain et marraine de leurs rejetons. De bonne grâce, les Ravalet se laissent faire, et tous les témoignages s'accordent à dire qu'ils remplissent ce rôle avec conscience.

Jean et Madeleine ont recueilli la petite Louise, la fille de Marguerite et de Jean Lefebvre, ainsi que le malheureux enfant né au Châtelet pendant la captivité de Marguerite. Louise deviendra bénédictine à Cherbourg, puis à Notre-Dame de Protection, où son corps, aujourd'hui, repose au côté de celui de sa grand-mère. Quant au garçon, on ne sait ce qu'il est devenu. Peut-être est-ce lui que mentionnent les registres de Notre-Dame de Tourlaville sous le nom de « Julien de Tourlaville, dit Saint-Julien », décédé à Cherbourg et inhumé en 1638 à Tourlaville.

Sa mort, en tout cas, si c'est bien de lui qu'il s'agit, aura précédé de peu la disparition de Madeleine de Ravalet : celle-ci s'éteint au château de Tourlaville le 10 octobre 1639, à l'âge de quatre-vingt-trois ans.

Son mari était alors absent, vraisemblablement retenu à Rouen par les devoirs de sa charge de grand maître. Sur ce que fut la fin de sa vie, on ne sait rien, hormis cette sèche mention qui, dans les livres de l'église de Tourlaville, ferme le ban sur l'existence terrestre de Jean III de Ravalet : « Le 1er jour de juillet 1640, fut inhumé noble homme Jeh[an] de Tourlaville, en l'église Notre-Dame de Tourlaville. » Il avait quatre-vingt-dix ans.

Fin de partie

Jean Lefebvre a empoché l'argent de la dot, renvoyé la petite Louise et, sans vergogne, s'est mis à nouveau à chercher femme. En novembre 1606, après trois années de veuvage, il épouse demoiselle Françoise Le Berseur, une jeunette. L'ironie de l'histoire veut que ce soit une lointaine parente de cette Bonnette Le Berseur dont le mariage en 1433 avec Jean Ier de Ravalet avait fondé les dynasties des Ravalet-Sideville et Ravalet de Tourlaville.

Jean Lefebvre est riche et supporte avec une parfaite indifférence les quolibets des gamins dans les rues de

Valognes. Qu'importent les ordures et les pierres jetées à l' « homme qui a tué la belle Ravalet » quand le Seigneur bénit votre union en vous donnant la fortune et les naissances répétées qui comblent les ménages heureux ? Jean Lefebvre meurt en 1630, entouré du mépris de ses concitoyens.

Fusi, l'ancien maître de Julien de Ravalet, le confesseur des deux jeunes gens au jour de leur exécution, sombre, lui, dans le scandale. En 1609, une dénonciation conduit la police parisienne à perquisitionner au domicile du curé de Saint-Barthélemy. On découvre qu'il séquestrait une femme, sa maîtresse. Les jésuites, avec lesquels il est en lutte, ne laissent pas passer une si belle occasion. Les hautes protections dont bénéficie Fusi font traîner le procès, et lui permettront de n'être condamné qu'en 1612, pour paillardise mais aussi (les jésuites font bonne mesure) pour hérésie. Fusi, déshonoré, échappe à la prison perpétuelle en s'enfuyant à Genève, où il se convertit au protestantisme. Il mourra en 1635 dans le canton de Vaud, pauvre et amer.

Les frères et sœurs des deux incestueux connaissent des destinées diverses.

Des trois garçons survivants, l'aîné Jean IV se marie sur le tard, tout comme Philippe, tandis que Jacques II meurt sans postérité.

Parmi les filles, Madeleine épouse Thomas Le Picquelier, tandis que Gabrielle, qui a reçu la terre d'Arreville rendue disponible par la mort de Julien, unit son sort à celui de Guillaume Le Fillâtre. Le couple se fait construire à Saint-Christophe-du-Foc un élégant manoir qui est une réplique en réduction du château de Tourlaville. Sur les murs s'entrelacent artistement les armes des Ravalet et des Le Fillâtre. Le mariage finira mal. Gabrielle aurait assassiné son mari — c'est du moins ce qu'affirme la rumeur — et, après avoir tenté de tuer le fils que Guillaume Le Fillâtre avait eu d'un premier lit, meurt folle en 1649.

Avec Guillemette de Ravalet, qui a épousé Jacob de Varroc, nous avons affaire, apparemment, à un ménage sans histoire ; leur fille Catherine épouse Antoine de Franquetot, de qui elle aura deux fils. L'aîné, Charles, achète Tourlaville dont il portera le nom à partir de 1653. La belle Marguerite l'obsède. En 1658, il fait venir le peintre Mignard, déjà célèbre, et lui commande un portrait de la morte d'après les dessins de Madeleine de Ravalet, la mère de l'incestueuse. C'est également Charles de Franquetot-Tourlaville qui fait peindre par Mignard et par Nicolas Coypel les riches décorations, aujourd'hui toujours visibles dans plusieurs pièces du château de Tourlaville, évoquant l'amour et sa compagne obligée la mort.

Dès la fin du xviiᵉ siècle disparaissent les Ravalet-Sideville, cette lignée de soudards brutaux et emportés. La branche des Ravalet de Tourlaville s'éteint en 1740, quand meurt Jean VII de Ravalet, dernier héritier du nom. Quant aux Franquetot de Tourlaville, leur famille va non seulement survivre mais prospérer, et ses membres feront de belles carrières dans la société brillante et perverse du xviiiᵉ siècle.

Marguerite et Julien sont loin, mais ils hantent toujours la pensée de leurs concitoyens. Une partie de l'opinion publique, en Normandie et ailleurs, trouve bien sévère le verdict qui a frappé les deux jeunes gens.

Méritaient-ils la mort ? Question redoutable ; on ne badine pas avec l'inceste. Mais qu'elle est belle, la passion sans merci d'un garçon et d'une fille, quand la fatalité ignore le tabou des liens du sang, quand l'amour se brûle les ailes au brasier de la mort !

CHAPITRE IX

DE VIOLENCE ET DE MORT

Violence en tous genres

Que sont, après tout, les deux têtes des Ravalet dans un siècle où la mort côtoie sans cesse la vie ? L'époque baigne dans un climat de violence qui confère peu de prix à l'existence humaine. Songeons que, chaque matin, la police relève une quinzaine de cadavres dans les rues de Paris. La Cour des Miracles abrite 6 000 ou 7 000 brigands qui s'aventurent jusqu'aux portes du Louvre. Et que dire des grands chemins, où loqueteux et bandits sont légion et font régner la terreur sur les voyageurs isolés ?

Tout le monde se promène en armes et s'en sert. Aucune limitation à ce que nous appelons le port d'armes. Dans la région de Laon, en 1611, les rixes sont devenues si fréquentes et se soldent par un nombre tellement excessif de morts et de blessés que les autorités finissent par réagir en interdisant le port de l'arquebuse... du coucher au lever du soleil.

Pour un mot, pour un regard de travers, on saute au collet de l'insolent, on l'assomme, on le tue. Le duel entre nobles n'est que la forme la plus civilisée de cette violence pour la violence qui couvre l'effusion de sang du manteau commode de l'honneur.

Violence autorisée, admise par conséquent, celle du duel qui s'est déroulé dans les règles. Violence licite, aussi, celle de l'honnête homme agressé par un brigand qu'il tue en légitime défense, ou celle du mari outragé qui se fait justice en trucidant sur-le-champ l'épouse adultère et l'amant surpris en flagrant délit.

Et puis, il y a la violence illégitime, celle qui bouscule les lois de la société humaine et divine, et met en péril l'ordre établi. Contre cette violence qui dérange, qui inquiète et qui trouble, la justice a pour premier devoir de réagir vite et fort.

« *La punition des crimes est nécessaire dans un État* »

Un éminent jurisconsulte du nom de Daniel Jousse, publiant vers la fin de l'Ancien Régime un remarquable *Traité de justice criminelle*, explique le rôle essentiel de la peine dans une société policée.

« On ne peut douter, écrit-il, qu'un des moyens les plus efficaces pour faire subsister solidement un État est de récompenser les bons citoyens et de punir les méchants ; et que s'il est juste d'exciter la vertu par des récompenses, il est aussi de l'intérêt public et de la sagesse d'un bon gouvernement de punir les crimes, de réprimer les entreprises qui peuvent troubler l'ordre et la tranquillité de l'État, et de prévenir les maux et les injustices que les hommes peuvent se faire les uns aux autres par des actions criminelles.

« En effet, ajoute Daniel Jousse, la punition des crimes est la fin et le but principal de l'administration de la justice, qui est de conserver les sujets du roi dans une paix et une tranquillité durables, et d'entretenir entre eux le bien de la société, sans lequel aucun gouvernement ne saurait subsister ; ce qui ne peut se faire, si les excès et délits qui la troublent ne sont réprimés par une punition prompte et exemplaire. »

Peut-on comprendre ce qui pousse certaines personnes à commettre des délits ou des crimes ? Daniel Jousse a une explication : « Si les hommes n'étaient point troublés par les passions et par l'aveuglement de leur cœur, la honte seule devrait être un motif suffisant pour les empêcher de faire des actions injustes ; mais ces passions sont si fortes dans quelques-uns d'eux, et les dominent tellement, qu'il a fallu nécessairement employer des moyens plus puissants, tels que ceux de la crainte des châtiments, pour les empêcher de commettre des crimes qui favorisent leurs passions. »

Et l'auteur du *Traité de justice criminelle* poursuit sa démonstration en ces termes : « Tous les crimes qui règnent dans la société tirent leur source de la légèreté et de l'inconstance de l'esprit humain, du défaut d'éducation, et de la corruption du cœur, et même du mépris de la Religion et des Lois ; d'où naissent l'avarice, l'oisiveté, la débauche, la vengeance, l'ambition et tous les autres désordres de la vie ; et ces passions ont le plus souvent un empire si puissant sur le cœur de certaines personnes, que la crainte même des châtiments et des supplices n'est pas suffisante pour les contenir et pour les empêcher de commettre des actions criminelles. »

Que faire ? « C'est dans cette vue que les Lois, dont l'objet est de régler la société civile et de réprimer toutes les entreprises qui peuvent en déranger l'ordre et l'économie, ont cru devoir apporter un remède proportionné au mal, en établissant des peines pour les différentes espèces de crimes ; et afin que cette punition se fît suivant les règles d'une justice exacte, elles ont imposé en certains cas la peine de mort, et quelquefois même celle d'une mort cruelle pour empêcher de commettre certains crimes plus dangereux que les autres par leur énormité et par leurs suites. Elles ont aussi, par le même motif, établi dans quelques cas des peines différentes, quoique pour les mêmes crimes suivant les circonstances ; et elles ont augmenté la sévérité de ces peines à l'égard de certains crimes lorsqu'ils devenaient plus fréquents dans la province. »

Ainsi se dégage une philosophie de la peine. La justice, en châtiant les auteurs de délits et de crimes, vise trois buts, nous dit Daniel Jousse.

« Le premier objet de ces lois en établissant ces peines, et qui regarde tous les criminels en général, à la réserve de ceux qui sont condamnés au dernier supplice, est de corriger les coupables que l'on punit afin qu'ils s'attendent à de nouvelles peines s'ils retombent dans de nouveaux crimes. »

« Le second, qui ne regarde que les grands crimes et ceux qui sont punis du dernier supplice, est de mettre ceux qui en sont coupables hors d'état de commettre de nouveaux troubles dans la société, en les punissant de mort... »

« Et le troisième, qui est commun à toutes sortes de peines et de supplices, est l'exemple ; afin de contenir par la vue et la crainte des peines exercées sur les coupables ceux qui ne sont pas retenus par d'autres motifs, et qui ne s'abstiennent de faire le mal que par crainte. »

Nous y voilà : il y aurait donc quelque chose qui s'appelle l'exemplarité de la peine, surtout dans le cas de la peine de mort. Le débat sur ce sujet, qui a tant agité notre propre époque, n'est pas né d'hier. Daniel Jousse, pour sa part, n'hésite guère : « On ne peut douter, estime-t-il, qu'un des plus sûrs moyens pour empêcher les crimes et pour diminuer le nombre des coupables est de punir ceux qui les ont commis d'une manière qui serve d'exemple aux autres ; et c'est pour cela que les exécutions se font ordinairement, non dans les prisons, mais dans les places publiques et dans les lieux les plus fréquentés, avec un appareil accompagné de tout ce qui est capable d'intimider le peuple. Et quoique cette crainte des supplices ne soit pas encore un remède suffisant pour empêcher les crimes, ainsi qu'on vient de l'observer, néanmoins il est vrai de dire que les punitions rendent ces crimes moins fréquents ; au lieu que s'ils demeuraient impunis, leur multitude augmenterait tous les jours et tournerait, à la fin, au renversement de l'État. Il arrive même quelquefois que la vue de ces punitions serve à contenir les méchants, et les engage à éviter le crime, de la même manière que s'ils le haïssaient véritablement. »

A mort !

L'exemplarité de la peine de mort et, de ce fait, la publicité dont il convient de l'entourer : deux éléments d'un même dogme que peu de gens songeraient sérieusement à contester au temps des Ravalet.

Le châtiment suprême constitue un édifice cohérent et ordonné, où les diverses façons d'infliger la mort répondent à des situations codifiées : à chaque type de crime et à chaque condition sociale correspond une certaine manière de mourir sous la main du bourreau.

Les crimes ordinaires commis par des roturiers sont punis de la pendaison.

Les bandits de grand chemin, roturiers ou nobles, sont promis au supplice de la roue. Celui-ci est soigneusement organisé : « C'est à savoir les bras seront brisés et rompus en deux endroits, tant haut que bas, avec les reins, jambes et cuisses et mis sur une roue haute plantée et élevée, le visage contre le ciel, où ils demeureront vivants pour y faire pénitence tant et si longtemps qu'il plaira à Notre Seigneur les y laisser, et morts jusqu'à ce qu'il en soit ordonné par justice. »

Les nobles ont le privilège de la décapitation sauf le cas de brigandage et sauf, surtout, celui de parricide. Le parricide jouit en effet d'un traitement spécial, l'écartèlement. Au parricide est assimilé le régicide, qui donne droit au même châtiment, mais agrémenté de quelques gâteries supplémentaires : ainsi Ravaillac, l'assassin d'Henri IV, en 1610, ne sera écartelé qu'après s'être fait tenailler à la poitrine et aux cuisses, et avoir eu le poing brûlé.

Reste enfin le bûcher, supplice réservé aux sacrilèges et aux sorciers.

Le public raffole des exécutions capitales. On va volontiers pique-niquer en famille aux abords des gibets. Les jours d'exécution, les fenêtres des maisons donnant sur le lieu du supplice se louent à prix d'or. La représentation macabre qui se joue sur l'échafaud implique la participation des assistants, qui applaudissent la dignité du condamné devant la mort, ou sifflent sa lâcheté. Le bourreau défaillant est hué. Pour que l'exécution publique trouve sa pleine finalité, il faut que chacun, au sortir de la fête tragique, se sente un peu plus pur, et comme sanctifié par la mort juste qu'inflige la société à titre de rachat du crime.

La ronde macabre de l'année des Ravalet

L'un des plus précieux mémorialistes du temps, Pierre de l'Estoile, qui avait noté dans son *Journal* (nous l'avons cité) la mort des deux incestueux, assistait chaque fois que possible aux exécutions qui se déroulaient à Paris ; de retour chez lui, il couchait aussitôt dans les pages de ses *Mémoires* les anecdotes ou les faits qui lui paraissaient le plus caractéristiques. Ouvrons donc le *Journal* de M. de l'Estoile et recherchons dans ses précieux feuillets ce que fut, de mars 1603 à mars 1604 — l'année des Ravalet — le sanglant rituel de mort qui déploya ses fastes durant les douze mois d'une année de règne du roi Henri IV, en sa noble ville et capitale de Paris.

Le samedi 1er mars 1603, trois hommes sont roués en place de Grève. Ils avaient assassiné un marchand de toile près de Saint-Cloud.

Le 28 avril, c'est le tour d'un jeune noble de dix-neuf ans, qui a reconnu plusieurs meurtres. Il n'est pas roué, mais décapité, eu égard à sa qualité de gentilhomme.

Le mercredi 30 avril, un autre gentilhomme lui succède, le sieur de La Grange-Sansterre, qui s'était fait voleur de grand chemin. Un de ses serviteurs est supplicié avec lui.

Le bourreau ne chôme pas puisque, le 2 mai, les deux frères de La Grange-Sansterre sont décapités ainsi qu'un autre gentilhomme du nom de La Rivière, originaire du Gâtinais. Un quatrième individu, qui n'était point noble, est, lui, pendu. Un de leurs complices est condamné aux galères.

Le 3 mai, c'est le tour d'une femme, coupable d'infanticide sur son enfant nouveau-né qu'elle avait jeté dans le feu aussitôt après l'accouchement. Elle est pendue en place de Grève, devant une foule énorme.

Le *Journal* de Pierre de l'Estoile ne mentionne plus d'exécution capitale jusqu'au 10 octobre. Gardons-nous d'en conclure que, pendant cinq grands mois, la justice criminelle s'est mise en vacances ; il est beaucoup plus vraisemblable que notre mémorialiste, qui note seulement ce qui lui paraît intéressant, n'a trouvé aucun piquant aux exécutions survenues de mai à octobre. Ah ! parlez-nous en revanche de celle du vendredi 10 octobre 1603. Tout Paris était là pour assister à la mort de François Richard, « seigneur de La Voulte, du régiment de Saint-Etienne en Dauphiné, accusé d'avoir voulu empoisonner le roi, décelé [c'est-à-dire « dénoncé »] par le duc de Savoie, auquel il s'était adressé pour cet effet ». Le duc de Savoie est l'ennemi juré d'Henri IV. Mais voilà : le duc, jugeant que François Richard « n'était pas homme pour venir à bout d'une telle entreprise, l'avait envoyé à Sa Majesté pour en faire faire la justice et le gratifier d'autant, qui est un trait commun et ordinaire entre les princes. Ce pauvre homme étant au supplice, dit que jamais il n'avait eu intention de faire mal au roi, et que ce qu'il en avait fait et communiqué au duc de Savoie (en quoi il reconnaissait avoir mérité la mort), n'avait été projeté par lui à autre dessein que pour tirer argent de Son Altesse [le duc de Savoie]... Ce qu'on croit être la pure vérité, vu sa franche et ingénue confession ; et telle était aussi l'opinion de son président qui le jugea ».

Du 10 octobre, le *Journal* de De l'Estoile saute au 2 décembre, avec l'exécution des Ravalet. Mais ceux-ci ne sont pas, tant s'en faut, les derniers de l'année. Le 18 décembre, en effet, on pend à la Croix-du-Trahoir un homme qui avait « falsifié un relief d'appel d'un prévôt des maréchaux ».

Le 23 décembre, c'est la servante du sieur Depras que l'on pend en Grève pour une vilenie que nous conte Pierre de l'Estoile. Elle avait « vendu et livré entre les mains d'un certain jeune homme une fort belle et petite fille de son logis, âgée seulement de neuf à dix ans, que ce misérable ayant en sa possession avait vilainement forcée et gâtée au grand regret et déplaisir dudit Depras son père et de tous ses parents ». Depras était huissier à la cinquième chambre des enquêtes. Le milieu judiciaire fait bloc avec l'huissier ainsi lésé ; après un procès rondement mené, la servante était expédiée au supplice pour le plus grand plaisir des Parisiens.

Le 19 janvier 1604, on exécute un jeune coupe-bourse

reconnu coupable d'assassinat. De l'Estoile en profite pour nous apprendre qu'un de ses complices avait été pendu deux mois auparavant, donc vers la mi-novembre 1603, au cimetière Saint-Jean, après avoir avoué quatre meurtres.

Le 24 janvier, on pend un tire-laine (on désignait sous ce nom pittoresque les pickpockets d'alors) au bout du pont Saint-Michel. Le 26, c'est le tour d'un autre, à la Croix-du-Trahoir ; il travaillait de préférence sur le Pont-Neuf, et jetait volontiers ses victimes à la Seine après les avoir détroussées ; quatre hommes étaient ainsi morts noyés.

Le 27 janvier, encore un tire-laine qui, pour son malheur, s'était attaqué à plus fort que lui en la personne de Pygré, chirurgien du roi. Pygré s'était défendu, blessant son agresseur au bras, puis était lui-même aller le dénicher à l'Hôtel-Dieu où l'homme avait cherché refuge. « On trouva que c'était un coupe-bourse qu'il n'y avait que trois jours qu'il était sorti de prison. » Le voilà donc pendu.

Hélas, l'inlassable fermeté de la justice ne parvient pas à juguler le fléau des tire-laine car, le 23 mars, place Maubert, on pend encore deux larrons, en compagnie d'une femme qui était leur receleuse.

Comptons bien : 25 exécutions sur douze mois à Paris d'après le *Journal* de Pierre de l'Estoile. Nous devrions dire : *au moins 25,* étant donné que notre auteur ne prétend nullement tenir en la matière un registre exhaustif.

Faut-il sauter les siècles, et comparer le Paris d'Henri IV avec celui de notre époque, pour la période qui va des lendemains de la Libération jusqu'à la suppression de la peine de mort ? Autres temps, autres mœurs, dira-t-on fort justement. Il n'importe. Voici les chiffres.

De 1949 à 1951, on ne compte aucune exécution capitale.

En 1952 : 1
En 1953 : 1
En 1954 : 1
En 1956 : 2
En 1957 : 1
En 1958 : 3
En 1959 : 1
En 1960 : 5
En 1962 : 3, en 1963 : 1 ; ce sont les temps de l'OAS.
Encore une exécution en 1964 et enfin, la dernière, en 1972.

Soit au total 21 têtes en vingt-quatre ans. La comparaison des chiffres parle d'elle-même. A l'évidence, donc, l'exécution des Ravalet s'inscrit dans un cadre historique qui fait de la peine de mort la réponse la plus adéquate à l'omniprésence de la violence.

Reste à déterminer cependant si, dans l'esprit des mœurs du temps, le crime des Ravalet méritait la mort. Or, précisément, les choses à cet égard ne sont pas entièrement claires.

Quel châtiment pour l'inceste ?

Aucune loi dans le royaume ne fixait, sous l'Ancien Régime, les peines contre l'inceste. Les tribunaux qui avaient à juger d'affaires de ce genre devaient se référer, soit aux lois romaines, soit à la jurisprudence.

Les lois romaines prévoyaient la mort pour les incestueux. En fait, tout un chacun savait qu'elles étaient tombées en désuétude vers le début de l'ère chrétienne.

Devant ce vide juridique, les spécialistes du droit, au XVIe et au XVIIe siècle, étaient bien embarrassés pour dire quelles peines devaient être infligées aux personnes reconnues coupables de crimes de la sorte.

Ils distinguaient d'abord entre les cas. L'inceste père-fille comme l'inceste mère-fils faisaient l'unanimité, et l'horreur qu'ils inspiraient conduisait les juristes à recommander unanimement la mort.

Dans le cas de l'inceste frère-sœur, cette belle harmonie volait en éclats. Certains jurisconsultes, comme les illustres Damhouder et Boerius, penchaient pour la mort. Le non moins illustre Farinacius estimait en revanche qu'il ne fallait infliger la mort, et encore seulement au frère, que si celui-ci avait défloré sa sœur.

Et quand l'inceste était joint à l'adultère, comme c'est le cas pour les Ravalet? Là encore, les opinions divergeaient. Menochius et Julius Clarus optaient pour la mort, tandis que Farinacius, ici aussi plus indulgent que ses confrères, considérait que, même alors, les incestueux ne méritaient pas la peine capitale.

Il est clair, en tout état de cause, que la qualité de femme mariée de Marguerite a pesé lourd dans la décision des juges de 1603. Ce n'est pas l'un des moindres paradoxes de la réponse faite par Henri IV au père Ravalet que d'entendre le Vert Galant dire en substance : « Si votre fille n'était pas mariée, j'aurais pu pardonner; mais à partir du moment où elle l'est, l'adultère s'ajoutant à l'inceste, je ne puis que laisser exécuter la décision du Parlement de Paris condamnant Marguerite et Julien à la peine capitale. »

Punir l'adultère

Ainsi l'inceste, attentat aux lois naturelles et divines à la fois, devrait être moins lourdement sanctionné que l'adultère, qui est un outrage privé en même temps qu'une offense à l'ordre de la société civile.

Telle est bien l'attitude des juristes et des juges de l'Ancien Régime pour qui l'adultère est l'un des crimes les plus graves contre lesquels la société ait l'obligation de se protéger. « L'adultère considéré en lui-même est un très grand crime, surtout dans la femme, par rapport à l'injure qui est faite au mari ; mais considéré par rapport à la société civile, c'est un des crimes les plus funestes, et les plus dangereux, à cause de l'injustice qui est faite aux enfants légitimes en introduisant dans une famille des héritiers étrangers qui n'y ont aucun droit. » Cette condamnation sans appel de l'adultère est de Daniel Jousse. Or, songeons que son *Traité de justice criminelle* a été publié en 1771, dix-huit ans seulement avant la Révolution française et la chute de l'Ancien Régime ! L'opinion de Daniel Jousse illustre la vigueur de la réprobation dont l'adultère fait l'objet, en même temps qu'elle met clairement en lumière les racines morales et sociales de cette attitude.

Depuis les lois sur l'adultère édictées sous Charlemagne et sous Louis le Débonnaire, au ixe siècle, qui prévoient la peine capitale pour les hommes et les femmes convaincus d'adultère, aucune disposition législative nouvelle, jusqu'à la fin de l'Ancien Régime, n'est venue commander à la justice une modification radicale de son comportement face à ce qu'elle n'a jamais cessé de considérer comme un crime. Mais après les Carolingiens, la mort n'a plus été la sanction uniformément appliquée et, dans certaines régions, les coutumes ont quelque peu adouci la rigueur des anciennes lois.

Ainsi, l'ordonnance prise en 1350 par Jean Ier pour les habitants de Grenade et d'Aigues-Mortes, celle de 1357 sous le même roi pour les habitants de Villefranche-de-Périgord, ou encore l'ordonnance de 1362 pour les habitants de Mâcon, stipulent que l'homme reconnu coupable d'adultère est passible du fouet et d'une amende.

La coutume de Saint-Sever retient les mêmes règles.

Celle de Bayonne distingue le délinquant primaire du récidiviste. L'homme adultère sanctionné pour la première fois est condamné à « courir la ville sans fustigation », peine suivie du bannissement hors de la ville et de sa juridiction pour une période de temps dont la durée est laissée à la discrétion du juge. La récidive fait encourir la fustigation publique et le bannissement perpétuel.

La jurisprudence suit dans l'ensemble d'assez près ces dispositions, et la peine du fouet, généralement complétée par un bannissement de quelques années, est souvent prononcée contre des hommes convaincus d'adultère.

Vive la Bretagne, vivent les Bretons !

La Bretagne, cependant, fait exception, et le Parlement de la province s'emploie à maintenir le respect de la règle ancestrale, c'est-à-dire la punition de l'adultère par la peine capitale. Quelques juges bretons ayant fait preuve d'une indulgence à ses yeux excessive, le Parlement de Bretagne, par un arrêt de règlement en date du 17 novembre 1568, rappelle la loi : la peine de mort doit être appliquée aussi bien à l'homme qu'à la femme reconnus coupables d'adultère. Dix ans plus tard, le Parlement de Bretagne a l'occasion de confirmer sa position de principe en condamnant effectivement à mort une demoiselle de Poitou et son métayer pour avoir eu ensemble des relations charnelles : la dame est décapitée (elle est noble), le métayer est pendu.

Comparée à la rigueur des lois bretonnes, la jurisprudence dans les autres provinces françaises reste donc relativement modérée vis-à-vis de l'homme. Elle l'est également à l'égard de la femme, qui échappe elle aussi à la peine capitale. Le sort de la femme adultère, pour autant, n'est pas très enviable. Celle-ci encourt en effet deux sanctions qui se cumulent :

— Elle peut être « authentiquée », c'est-à-dire enfermée dans une communauté religieuse ou un couvent au choix du mari ; mais le mari peut la voir s'il le souhaite, et même la reprendre durant les deux années qui suivent la condamnation ;

— elle peut être déclarée déchue de sa dot, de son douaire, et de tous les avantages du contrat de mariage, au profit de son mari, à charge pour celui-ci de payer à celle qui reste légalement son épouse une pension dont le montant est fixé par jugement.

Si la femme est pauvre, elle sera enfermée à l'hôpital, comme les filles débauchées.

Lorsque le mari exerce cette possibilité qui est la sienne de reprendre, dans les deux ans, sa femme authentiquée, celle-ci rentre dans tous ses droits ; le passé est purement et simplement effacé.

La règle souffre cependant quelques exceptions. Ainsi, un arrêt du Parlement de Toulouse s'est opposé à ce qu'un magistrat de la ville use de cette faculté, considérant comme indécent qu'un juge reprenne la vie commune avec son épouse dès lors que celle-ci avait été condamnée, à l'issue d'un procès public ; le Parlement de Toulouse estimait que le scandale causé par l'inconduite d'une femme de magistrat était trop grave pour pouvoir être jamais effacé.

Une fois que le mari a repris sa femme, il ne peut plus l'accuser à nouveau au cas où elle recommencerait.

La femme authentiquée est libre, après la mort du mari, d'épouser quelqu'un d'autre. C'est l'unique moyen qu'elle ait de sortir du couvent : elle ne quitte celui-ci que pour se remarier. Mais la perte de sa dot reste définitive.

Cas d'espèce

Naturellement, les juges tiennent compte des circonstances pour alléger ou, au contraire, pour aggraver la peine.

Ainsi, les brutalités exercées par le mari sur la femme peuvent constituer une excuse, de même qu'une conduite débauchée ou immorale de sa part. Nous avons vu Marguerite de Ravalet invoquer cet argument, en l'occurrence sans succès.

Il existe à l'inverse des circonstances aggravantes. C'est le cas pour l'homme, chaque fois que la loi ou la religion lui confèrent une quelconque autorité sur la femme, tels le tuteur vis-à-vis de sa pupille, ou le prêtre à l'égard de sa pénitente.

L'affaire Sophier, en 1623, va secouer la province du Maine. Elle trouve sa conclusion avec l'exécution, l'année suivante, en place de Grève, du curé de la petite ville de Baugé, René Sophier, accusé par César Parage, assesseur en l'élection de cette même ville, d'avoir commis l'adultère avec sa femme.

D'abord renvoyé devant le tribunal ecclésiastique — l'official — Sophier est déclaré par cette instance « atteint et convaincu du crime d'adultère ». Il fait appel, mais la sentence est confirmée en la métropole de Tours et en la primatie de Lyon.

Le 28 novembre 1623, le lieutenant criminel du Mans rend un arrêt qui condamne Sophier à faire amende honorable devant l'église paroissiale de Baugé puis à être pendu jusqu'à ce que mort s'ensuive. Sophier se pourvoit devant le Parlement de Paris. Celui-ci, début 1624, confirme la condamnation à mort. Il aggrave même la peine en décidant d'envoyer le curé adultère au bûcher. En foi de quoi, Sophier est brûlé devant la foule des grandes occasions place de Grève à Paris.

Une autre circonstance aggravante est l'inégalité des conditions. Le Parlement de Toulouse, en 1567, condamne à mort une femme mariée qui avait engagé le valet de son fermier à commettre l'adultère avec elle ; la femme et le valet sont pendus.

Notons d'ailleurs que le commerce charnel d'un domestique avec sa maîtresse, ou la fille, ou la nièce, ou toute parente de son maître, est toujours puni de mort, que la dame en question soit mariée ou pas.

En sens inverse, le maître qui abuse de sa servante lui doit seulement des dommages et intérêts, qui serviront à la doter ; si elle est enceinte, il sera en outre condamné à payer les frais de l'accouchement et à se charger de l'enfant.

L'inégalité entre l'homme et la femme, si considérable quant aux circonstances, l'est encore davantage au regard de l'action en adultère elle-même. C'est bien simple : la femme n'a aucune possibilité d'intenter devant la justice une action en adultère contre son mari, et cela quand bien même l'homme entretiendrait ouvertement une concubine au domicile conjugal. « Les lois civiles en laissent la vengeance à Dieu », tel est le seul commentaire des juristes de l'époque.

CHAPITRE X

LA MORALE DE L'HISTOIRE

Un supplice mérité

Quelques jours à peine après la mort des deux malheureux jeunes gens, on vendait à la criée dans les rues de Paris un petit opuscule de huit pages intitulé *Le supplice d'un frère et d'une sœur décapités en Grève pour adultère et inceste.*

Œuvre didactique et moralisatrice, le *Supplice* est un manifeste de combat dont le but est de lutter contre le mouvement de sympathie qu'avaient suscité les Ravalet. La beauté des victimes, leur jeunesse, leur fermeté devant la mort ont profondément ému le public parisien, tandis que le vindicatif Lefebvre n'a suscité que mépris et dégoût dans l'opinion. Les Ravalet ont été la proie d'une implacable machine judiciaire, mais celle-ci n'a-t-elle pas été mise en mouvement, avec sa logique inhumaine, par un individu haïssable, le barbon de Valognes, mari cocu, lamentable crapaud marié à une femme trop jolie pour lui? En ce début du mois de décembre 1603, la fin courageuse des Ravalet, face aux milliers de badauds qui, toutes classes confondues, ont assisté à leur supplice, les a en quelque sorte sanctifiés. Par un involontaire effet de boomerang, la peine exemplaire infligée par les juges avec l'aval du roi aboutit à magnifier le double crime d'adultère et d'inceste que les gardiens de l'ordre social ont voulu réprimer. Bien des jeunes filles et des jeunes femmes, plus ou moins malheureuses, plus ou moins mal mariées, pleurent le sort tragique des amoureux. Dans la pénombre des boutiques, le soir, à la table familiale, on chuchote une confidence, on écrase une larme, on exalte à mots couverts la grandeur de l'amour-passion.

Quand on est un homme entre deux âges, qu'on a bâti sa réussite à la force du poignet et qu'un beau mariage avec une fraîche jeune fille de bonne famille vient mettre un point d'orgue à une carrière bien menée, peut-on tolérer qu'un godelureau, un Julien de Ravalet, fasse tourner les têtes un peu fofolles de ces oies blanches, trop prêtes à s'enflammer pour le premier galant de passage aux allures de prince charmant?

Pendant tout le procès, la société des mâles a frémi d'inquiétude. Les juges des Ravalet sauraient-ils se montrer assez fermes? Le roi, ce bon Henri IV au cœur si sensible, allait-il résister aux supplications du père Ravalet? L'exécution des condamnés a été ressentie comme une délivrance pour tous les maris collectivement atteints dans leur honneur et dans leur dignité par le scandale qui avait éclaboussé leur collègue Lefebvre. Or, voilà que leur fin tragique leur confère l'auréole du martyre. C'est un comble!

Heureusement, l'auteur du *Supplice* faisait bonne garde. Au milieu de l'apitoiement général, il n'hésite pas à saisir d'une main ferme la torche vacillante de la Morale afin de la brandir bien haut, devant les yeux d'une opinion troublée et agitée de sentiments contradictoires. Non, dit-il à Lefebvre, à tous les Lefebvre, n'en doutez pas, votre cause est juste et sainte. Seule une peine exemplaire pouvait laver la tache dont le crime des Ravalet a maculé l'ordre naturel des choses. Quant à vous, jeunes oisifs, prenez garde, et voyez

130

jusqu'où peuvent conduire les tentations mal maîtri-sées.

Pendant le procès, l'homme avait assisté à toutes les audiences, notant les paroles des juges, les arguments des Ravalet. Le soir, il courait les rues de Paris, questionnant Lefebvre, interrogeant les témoins que celui-ci avait conduits dans la capitale. Il se glissait dans les coulisses du Palais de Justice, dans les galeries du Louvre, recueillant avidement anecdotes et confi-dences. Patiemment, il reconstituait les propos tenus par Henri IV lorsque le roi avait reçu le père de Julien et de Marguerite, l'attitude des jeunes gens quand ils apprirent la sentence. Qu'ont-ils dit, qu'ont-ils fait en s'apprêtant à mourir ? Quelle contenance devant l'iné-vitable, la révolte, la résignation, ou l'acceptation du chrétien ? Des notes qui s'accumulent, des feuillets qui s'amassent sur la table du chroniqueur anonyme, émergeait, au fil des jours, une « Défense et illustration de la loi et de l'ordre familial. »

Le bourreau Jean-Guillaume finissait à peine de démonter l'échafaud sanglant de la place de Grève que, déjà, les premières feuilles du *Supplice* roulaient sur les presses de l'imprimerie Du Pré. Tout porte d'ailleurs à reconnaître en Du Pré lui-même l'auteur de l'opuscule.

Écrit sur le ton du sermon, le *Supplice* évite habile-ment d'apparaître sous les couleurs d'un pamphlet. C'est plutôt une sorte de dissertation qui mobilise les ressources de l'histoire et du raisonnement pour démontrer qu'on a bien fait de couper le cou aux Ravalet. A l'évidence, l'auteur ne s'attend pas que son propos plaise à une majorité de lecteurs. *Odiosa veritas,* écrit-il en tête de l'ouvrage. En somme : « On va détester la vérité, mais c'est quand même la vérité. » Et la vérité doit être dite si l'on veut travailler au redressement d'une jeunesse que sa faiblesse et son

131

désœuvrement désignent comme une proie facile pour les appels enjôleurs de l'immoralité.

Tous donc sur le pont! Aux avant-postes du réarmement moral, unissons-nous! Français, Françaises, enrôlez-vous nombreux dans la glorieuse milice de la vertu, pour l'amélioration et la purification des mœurs dans notre société!

Halte au laxisme!

A la base, une réalité, dont il faut prendre conscience, et que l'on ne saurait assez déplorer : notre belle justice française glisse depuis des décennies sur la pente fatale du laxisme. En l'an de grâce 1603, habitants de ce beau pays de France, nous avons le devoir de nous demander : mais où est donc passée la rigueur salubre et pure des lois ancestrales? Reviendront-ils un jour, ces temps heureux qui faisaient de la peine de mort la sanction automatique de l'adultère? Le législateur divin, par la voix de la Bible, avait fort justement prévu pour ce crime le châtiment de la lapidation. La faute d'Hélène de Troie ne put s'expier que par dix années de guerre. Le tort fait à Lucrèce, celui que subit Virginie, entraînèrent par deux fois les rudes Romains dans la révolte. Et les empereurs de la Rome antique avaient prévu de lourdes peines à l'encontre des amants illégitimes car ils considéraient de leur devoir de veiller à la conservation des familles et au respect de l'honnêteté publique. Quant à nos ancêtres les Gaulois, ils n'en usaient pas autrement : la mort, la mort sans rémission pour les couples adultères.

Hélas, la France moderne trop complaisante, ses légistes trop doux, ses rois trop compatissants ont aboli la coutume d'antan. La Bretagne seule, restée plus proche de l'austère simplicité des temps anciens, continue d'appliquer le châtiment suprême aux fornications interdites.

Le résultat de ce coupable relâchement est bien celui qu'on pouvait en attendre : il n'est point de délit plus commun de nos jours que l'adultère. Qui en France tient encore le moindre compte des liens du mariage ? L'adultère n'effraie plus personne, jeunes gens et jeunes femmes font l'amour à cœur joie en toute liberté sans aucune considération des obligations de la fidélité conjugale. Que ce triste spectacle ne nous porte pas à sourire comme trop de nos contemporains le font un peu légèrement. « C'est honte que des républiques [c'est-à-dire : « des États »] qui se disent chrétiennes soient si mal policées ou plutôt si difformées. »

Qu'est-ce que nos princes attendent donc pour réagir ? La corruption de ce siècle exige un sévère coup d'arrêt, car chacun sait qu'un crime appelle fatalement le suivant. Une société permissive s'expose à repousser sans cesse plus loin les bornes de ce qu'elle tolère. « Faute de réformation, on voit qu'un péché, comme un abîme, en attire d'autres. » Dès lors qu'on ne respecte plus le lien sacré du mariage, faut-il s'étonner que des épouses mal contentes fassent appel à des méthodes expéditives pour se débarrasser d'un conjoint encombrant ? En cinq ans, « cinq femmes ribaudes mariées ont été condamnées à mort pour avoir attenté à la personne de leurs maris par le poison et le fer ». Et voici, pour mettre le comble à l'horreur, que l'inceste s'ajoute au crime ! Notre triste époque a vu déjà deux couples incestueux recueillir le fruit de leur terrible forfait, appelant sur leurs coupables personnes la punition exemplaire de la justice divine et humaine.

Pourquoi cette scandaleuse montée de l'immoralité, à cause de quel phénomène, par la faute de qui ? Chère Ève, nous te retrouvons ici. Quelques années avant l'affaire Ravalet, les États Généraux réunis à Orléans

133

s'étaient déclarés fort préoccupés par la licence des mœurs ; c'était en 1588. Les députés, rencontrant sur leur chemin les progrès de l'adultère, supplièrent le roi, qui était alors Henri III, d'inscrire dans nos codes la peine capitale comme châtiment de ce crime. La requête des États Généraux parvint sur le bureau du chancelier, chef suprême de la magistrature française. Hélas ! Ce personnage, sous un abord sévère, cachait un coupable penchant pour la mansuétude. Il déclara que l'institution de la peine de mort en punition de l'adultère était inacceptable, car la femme, sexe éminemment fragile, est trop souvent victime des artifices ou des pressions du mâle.

L'élan de vertu qui avait soulevé les États Généraux n'était sans doute pas bien profond, car le refus poli mais ferme du chancelier suffit à borner là les velléités des pères-la-pudeur.

Quinze ans se sont écoulés depuis, mais l'auteur anonyme du *Supplice* ressent comme une lourde faute l'attitude du chancelier. Une faute doublée d'une erreur fondamentale. La femme, sexe faible ? En vérité, « c'est une question non encore décidée lequel des deux [sexes] donne plus de sujet et d'occasion au mal ». Mais si les philosophes en débattent toujours, un simple coup d'œil sur le monde tel qu'il est devrait suffire à montrer à l'observateur le moins averti où se situent les responsabilités principales. Regardez-les donc agir, ces filles d'Ève. Quel autre but peuvent-elles poursuivre si ce n'est la tentation, le péché, « vu que tant de parures, dorures, perles, boutons, passements, clinquants, échiquetures, nouvelles façons d'habits rezeuls, fraises à gorge ouverte, fard, poudre, frisures et artifices, œillades, caresses, chants et mignardises dont elles usent, sont toiles et pantières (?) où elles essaient d'attraper les plus oisifs » ?

Un sursaut salutaire

Devant la vague d'immoralisme et de corruption qui déferle sur son époque, l'auteur du *Supplice* voit dans la réaction qui s'amorce le premier signe d'un sursaut salutaire. Sursaut de la partie saine du corps social, de ses élites conscientes et responsables. Heureux pays que ce royaume de France qui peut aujourd'hui se flatter d'avoir tout à la fois de bons prêtres, de bons juges, un bon roi !

De bons prêtres, d'abord, tel ce courageux curé de Saint-Eustache qui, en mars 1602, avait refusé d'inhumer en terre chrétienne un couple adultère légitimement tué par le mari bafoué.

De bons juges, ensuite, en la personne de ces intègres magistrats du Parlement de Paris qui ont vu clair dans le jeu artificieux de Marguerite et de Julien de Ravalet. Eh quoi, cette fille, pour se sauver et épargner son frère, n'avait pas hésité à accabler le malheureux tailleur Agnès, injustement accusé de l'avoir violentée au creux d'un chemin ! Et Julien, quel vilain personnage, à tout prendre : un jeune homme de bonne famille menant mauvaise vie, qui n'aimait des bénéfices ecclésiastiques que leur revenu, portait l'épée, s'habillait de soie et de couleurs vives, et n'avait pas craint d'engrosser une brave bourgeoise de Paris sous prétexte de mariage, pour l'abandonner par la suite sans l'ombre d'une hésitation !

Au fond, c'est le frère le plus coupable. Étant de quatre ans l'aîné de sa sœur, il a abusé de son prestige et de son autorité pour la détourner de l'amitié de son mari. Tout cela pourquoi ? « Sous prétexte d'âge et de qualité à cause de l'état de receveur des tailles. » Où allons-nous, grand Dieu, si la différence d'âge dans le mariage devient un crime, si les barbons n'ont plus le

135

droit d'épouser de gentilles petites jeunes filles ? Quel pervers, ce Julien de Ravalet, qui a osé, de surcroît, insinuer que l'argent a une odeur, et qu'un receveur des tailles, fût-il riche, n'est pas un parti convenable pour une demoiselle de bonne noblesse ! Grave reproche, qui mettrait en péril, s'il était retenu valable, tout le puissant mécanisme d'ascension sociale qui voit, dans la France des Temps modernes, les bourgeois enrichis entrer dans la classe nobiliaire grâce à des mariages flatteurs avec des filles de gentilshommes. Non, un noble n'est pas au-dessus des lois, et la différence de qualité ne justifie pas qu'une demoiselle bafoue son mari au simple prétexte que celui-ci est d'extraction roturière. Les règles de la morale sont les mêmes pour tous, nobles ou bourgeois.

Grâce au ciel, les magistrats ont déjoué les embrouilles des Ravalet, leurs proclamations répétées d'innocence, l'histoire aussi astucieuse que méprisable qu'ils ont inventée pour faire porter le chapeau au tailleur. Juges clairvoyants, qui ont refusé de soumettre les Ravalet à la question. Car l'impudence des accusés était telle qu'ils auraient sûrement continué d'affirmer leur innocence au milieu même des supplices, et leur victoire sur la torture les aurait rendus par là même définitivement innocents aux yeux de la loi, faute de l'être au regard de la vérité. En leur évitant la question, le tribunal s'est donné la liberté de ne faire appel qu'à son intime conviction telle qu'elle se forgeait au fil des audiences, sur l'accumulation des rapports d'enquête et des témoignages. Et vers quoi cette conviction a-t-elle fait pencher la balance ? Vers la culpabilité. « Comme Dieu descend par son saint esprit au milieu des bons juges qui l'invoquent, la Cour, par son arrêt a mis les appellations [c'est-à-dire : « les appels »] et sentence dont

136

était appelé [« dont il était fait appel »] au néant, et (...) les a déclarés suffisamment atteints et convaincus des crimes d'adultère et inceste. »

S'il faut admirer la sagesse de messieurs du Parlement, ne convient-il pas enfin de louer tout autant la « constance et intégrité de notre bon roi » ? Il a su, en effet, refuser sa grâce, malgré les prières du père Ravalet, malgré sa propre nature généreuse qui l'incline au pardon. « A la vérité, la miséricorde est toujours bienséante en un grand roi, mais il la doit retrancher en deux tels crimes [l'adultère et l'inceste] qui crient chacun vengeance devant Dieu, afin que l'impunité n'en apporte une licence. »

Pour l'édification du peuple de France

Mort méritée, mort salutaire.

En décapitant Marguerite et Julien de Ravalet, la justice des hommes a puni un double crime qui offensait la morale humaine et insultait la loi divine. Mais la mort des coupables est en même temps salvatrice, et la morale de l'histoire ne se parachève que grâce à la participation active des deux suppliciés à la cérémonie finale de purification.

Cette participation, on a bien cru, un moment, qu'on ne l'aurait pas, lorsque ces deux entêtés de Marguerite et de Julien ont cru bon, au prononcé du jugement de condamnation, de s'écrier d'une même voix qu'ils étaient innocents. Heureusement, le confesseur Fusi, arrivé sur les lieux, a su trouver les mots qu'il fallait pour les convaincre d'adopter une attitude plus conforme aux nécessités de l'édification des foules. « Il y usa en bon pasteur de si vives et poignantes remontrances qu'il pénétra jusqu'au secret de leurs consciences. »

Ainsi Marguerite de Ravalet, la première, a compris qu'il valait mieux mourir en chrétiens résignés, en coupables justement châtiés. « Mourons mon frère, nous l'avons bien desservi [« nous l'avons bien mérité »] et prions Dieu qu'il nous fasse merci [« qu'il nous pardonne »]. » Entraînant son frère avec elle, elle a permis au sacrifice de se dérouler dans toute son exemplarité, car, « avec contrition de cœur et confession de bouche, ils furent rendus participants du sacrement de pénitence ». Un sacrement scellé du sang librement offert par les pécheurs en expiation de leur faute enfin reconnue et avouée.

CHAPITRE XI

LE JEU DE L'AMOUR
ET DE LA MORT

Une histoire tragique

Le soin mis par l'auteur du *Supplice* à développer son argumentation, l'insistance avec laquelle il souligne que Julien et Marguerite souscrivent à leur juste châtiment, suffisent à montrer que la morale de l'histoire n'était pas évidente pour tous.

Quelques années plus tard, en effet, paraissait un autre récit, d'un tout autre ton.

La première édition connue des *Histoires tragiques de notre temps* est de 1619. L'auteur : François de Rosset, un de ces mémorialistes invétérés, curieux de tout ce qui dépasse l'ordinaire et fait le charme des conversations. L'ouvrage est maintes et maintes fois réédité, ce qui prouve son succès. Des additions successives l'enrichissent d'histoires et d'anecdotes nouvelles à mesure que les années passent et que le temps sécrète jour après jour sa propre mémoire. Dans cette trame qui se tisse sans cesse, le fil, lui, ne change pas : l'amour, la passion, la haine, la mort.

Au sein de cette chronique, les Ravalet occupent une place de choix. Leur aventure, trop brûlante encore, se cache sous le maquillage de noms d'emprunt. La Normandie s'appelle ici la Neustrie, Marguerite est

Doralice et Julien porte le joli nom de Lyzaran. L'auteur a pris quelques libertés avec les faits. Ainsi Marguerite-Doralice n'est plus la cadette de Julien-Lyzaran, elle devient son aînée de dix-huit mois. La liaison incestueuse de Doralice et Lyzaran est certes datée, et Henri IV tient dans l'affaire le rôle qui est le sien dans la réalité de roi sensible et juste. Mais le ton donné au récit, les menus travestissements que l'auteur apporte à la réalité vont contribuer à faire des Ravalet les héros d'une histoire exemplaire et non plus les protagonistes d'un simple fait divers. Avec François de Rosset, Marguerite et Julien de Ravalet prennent leur place dans l'immense épopée de l'amour et de la mort à travers les âges.

En l'innocence de leur jeune âge

Suivons donc notre guide le long de l'itinéraire qui va mener Doralice et Lyzaran, à peine sortis de l'enfance, dans les tourments d'une impossible passion.

« Ces deux jeunes enfants nourris toujours ensemble s'aimaient d'un tel amour que l'un ne pouvait vivre sans l'autre. Ils n'étaient jamais contents que quand ils se voyaient et méprisaient de courir et de passer le temps avec les autres enfants de leur âge. En ce temps d'innocence, tout leur était permis. Ils couchaient ordinairement ensemble, et par aventure ce fut trop longtemps... Je crois fermement que le mal procéda de cette trop longue accointance qui continuait de jour à autre [c'est-à-dire : « jour après jour »] et jusqu'à ce que, Doralice ayant déjà atteint l'âge de dix à onze ans, et Lyzaran étant entre neuf et dix ans, il [= Lyzaran] fut envoyé à un collège pour y étudier. » Cette séparation leur fut si douloureuse qu' « ils en versèrent tous deux mille larmes. Ce n'étaient que sanglots et que soupirs ininterrompus d'une part et d'autre, que le père et la mère attribuaient seulement à l'amitié fraternelle », alors que tout porte à croire, estime Rosset, que l'amour y avait déjà une large part.

Quoi qu'il en soit, Lyzaran est conduit au collège. Il y fait, nous dit François de Rosset, de bonnes études — affirmation dont nous savons qu'elle ne correspond pas à la vérité. Lyzaran a tous les dons, et devance allégrement ses compagnons les plus talentueux. Quatre années se passent. Son père éprouve alors le désir de le revoir. « Il le rappelle donc, fort aise quand il le vit si beau, si savant et déjà si grand. Mais ce ne fut rien au prix du contentement que sa sœur en reçut. Elle ne cessait de l'embrasser et de [le] baiser ; toutefois, ils n'avaient pas les privautés qui leur avaient été octroyées en leur enfance. Et puis la honte les retenait tous deux, et le péché détestable qu'ils se représentaient devant les yeux. » Pudeur et retenue, l'histoire d'amour reste encore innocente ; plus pour bien longtemps, car « ni l'un ni l'autre ne pouvaient si bien réprimer leur maudite passion qu'elle n'échappât parfois au frein de la raison ».

Heureusement, le moment vient pour Lyzaran de regagner son collège, tandis que le père se préoccupe de marier sa fille.

De nombreux gentilshommes se présentent, beaux et bien faits. Le père leur préfère, hélas, un homme respectable, mais déjà grisonnant, dont le seul mérite réside dans son immense richesse. « Ha », s'exclame Rosset, « maudite avarice, que tu causes de mal au monde ! » Dans l'histoire, cet homme est surnommé Timandre. Le lecteur aura reconnu Jean Lefebvre.

L'union projetée, manifestement, est mal assortie. Quand Timandre « accoste » sa future épouse, celle-ci lui fait mille affronts. Nulle bonne volonté chez Doralice, qui espère vaincre ainsi la résolution de son père.

Mais celui-ci ne se laisse pas fléchir. Le mariage est conclu. Lyzaran revient du collège pour assister aux noces. Sa sœur s'arrange pour le voir en cachette : « Mon cher frère, que je suis misérable ! Faut-il que je passe la fleur de mon âge avec une personne que je déteste plus que la mort même ? Mon père n'est-il pas bien cruel de me livrer entre les mains d'un mortel ennemi ? Consumerai-je donc désormais mes jours en une servitude si contraire à mon âge et à mon humeur ? Que servent les richesses si le contentement n'y est ? Conseillez-moi, je suis presque réduite à cette extrémité de me donner la mort de ma propre main ! »

Pauvre Doralice, ainsi sacrifiée à l'esprit de lucre par un père au cœur de pierre. Lyzaran, ému jusqu'au tréfonds de lui-même, n'en peut mais. Séchant les larmes de sa sœur, il lui prêche l'obéissance. La soumission à la volonté paternelle est la seule voie, lui dit-il, car « la puissance que les pères ont sur leurs enfants est absolue ». Patience, donc, en espérant que la providence daignera faire quelque miracle. Pour le moment, Lyzaran s'engage à ne pas quitter sa sœur. Quand elle aura épousé Timandre, il demandera à celui-ci la permission de vivre chez lui. Ensemble, ils aviseront plus facilement à la meilleure manière de gérer leur avenir.

La tentation et le péché

Doralice, dès lors, ne s'oppose plus au mariage. Timandre, ravi, l'épouse, sans comprendre qu'il va seulement servir de couverture à la passion coupable de Doralice et Lyzaran. Les relations du frère et de la sœur sont encore platoniques. Guère pour longtemps, car le péché les guette. D'autant que les deux amoureux se côtoient maintenant journellement : Lyzaran annonce qu'il ne retournera pas au collège, et s'en va bientôt élire domicile chez Timandre, qui accueille sans malice son jeune beau-frère... et rival.

L'horreur du crime qui les menace retient cependant Doralice et Lyzaran dans les limites de la bienséance. François de Rosset s'appesantit sur la crainte de ce « si grand et si exécrable péché » où ils vont immanquablement tomber s'ils cèdent à la passion qui les pousse l'un vers l'autre. Doralice, dans le récit de Rosset, est le personnage central du drame. Sous une apparence fragile, elle cache une détermination et une énergie farouches. Elle cherche à se sermonner, à se contrôler. Rosset nous la montre se faisant à elle-même la morale : « Ha, cruel Amour », s'exclame-t-elle, « qui me fais follement aimer celui de qui je devrais, pour la proximité du lignage, non seulement fuir l'impudique regard, mais encore craindre qu'autre que moi n'eût jamais connaissance de ma folle et incestueuse passion, à quoi me réserves-tu ? Faut-il que je commette un péché si détestable ? Ôtons cette maudite fantaisie, avant qu'elle s'imprime plus avant et représentons-nous le malheur qui pourrait procéder d'un crime si détestable. » Mais la passion qui la tient au cœur aussitôt lui inspire un discours contraire : « Et qui me peut empêcher d'aimer ? N'est-ce pas une chose naturelle ? Durant le temps d'innocence et que l'on vivait au siècle d'or [nous dirions plutôt l' « Âge d'or »] avait-on toutes ces considérations ? Les hommes ont fait des lois à leur plaisir, mais la nature est plus forte que toutes ces considérations ; je la veux suivre, puisqu'elle est une bonne et sûre guide de notre vie. »

L'amour au-dessus des lois, éternelle excuse des amants à la veille de céder à leur passion. Et, au fond, ne sommes-nous pas tous plus ou moins tentés de l'accepter, et d'en accorder le bénéfice à ce couple si touchant de Doralice et Lyzaran ?

Précisément, à ce point de son récit, François de Rosset prend conscience qu'une trop grande complaisance envers ses héros risquerait de le rendre suspect aux yeux de tous ceux qui considèrent qu'une faute reste une faute. Surtout, donc, qu'on n'aille pas le soupçonner de céder à une intention impure. « Mon dessein », déclare-t-il dans un élan de vertueuse indignation, « est de dépeindre et de faire paraître la saleté du vice, et non de le défendre ! »

Le fait est que l'histoire devient maintenant celle d'une dévorante passion charnelle. Un beau jour, Doralice et Lyzaran se laissent aller au désir qui les emporte. Ils sont désormais sans cesse ensemble, à s'embrasser, à s'enlacer, à faire l'amour. Timandre, aveugle, ne voit rien, mais une servante les surprend. Elle cherche à faire entendre raison à Doralice. Celle-ci lui répond par des traitements indignes, des injures, des coups, et pour finir la chasse. La servante se venge en allant tout raconter à Timandre.

D'abord perplexe, le mari serait plutôt tenté de croire à une banale calomnie, dénuée de fondement. Mais la servante congédiée parvient à lui ouvrir les yeux, lui apprend à décrypter les faits et gestes des deux jeunes gens, et lui donne finalement le moyen de surprendre, à l'abri d'une cachette, les ébats de Doralice et Lyzaran.

Eh bien, le croirez-vous ? Timandre est un être admirable ! L'amour qu'il porte à sa femme suscite en lui des sentiments d'une authentique magnanimité. Il se borne à interdire sa maison au jeune Lyzaran et garde à sa femme toute sa tendresse : « Douceur fort grande d'un mari qui recevait une si indigne offense », commente Rosset.

Mais douceur, hélas, non payée de retour. Doralice proteste de son innocence, s'abîme dans des torrents de larmes. Timandre attendri, demeure ferme cependant sur le seul point qui importe à Doralice : la sœur ne verra plus le frère ; la porte du logis de Timandre demeurera close pour Lyzaran. Conséquence normale, après tout, de la jalousie qui, chez les hommes, s'accroît avec l'âge, nous explique Rosset. Doralice est inconsolable et, si Timandre a d'abord pardonné, le ménage va vivre dès lors sous l'empire du mensonge et du soupçon.

De la passion à la rédemption

Séparés, Doralice et Lyzaran ne connaissent nul repos. C'est peut-être Doralice qui souffre le plus. C'est elle, en tout cas, qui conçoit le projet auquel Lyzaran, se rallie : fuir en compagnie de son frère dans une province lointaine où les amants puissent abriter jusqu'à la fin de leurs jours leurs amours illicites. « Entreprise remplie autant de témérité que de passion désordonnée. »

Une opportune absence du mari permet de mettre ce plan à exécution. Timandre est la risée du pays. L'amour-propre blessé lui interdit de passer une seconde fois l'éponge : cette fois, le mari trompé demande raison de son infortune à la justice. Lui-même jette à ses frais les plus habiles limiers sur les traces des amants. Il finit ainsi par découvrir leur retraite à Paris et les fait arrêter.

Impudente Doralice ! On découvre qu'elle est enceinte. De qui, sinon de son frère ? Or, contre toute évidence, elle s'obstine à vouloir le mettre hors de cause. La famille, qui ne manque « ni d'amis ni de moyens », se mobilise pour obtenir la liberté des jeunes gens. Mais les juges ne se laissent pas fléchir. Au terme de deux procès réguliers, la justice de France condamne Doralice et Lyzaran à la peine capitale et le bon roi Henri IV, malgré toute sa bienveillance naturelle, refuse à son tour la grâce des deux incestueux.

En cet instant, Doralice, à nouveau, va montrer sa

force d'âme. Apprenant que l'heure est venue de l'expiation, elle tente un ultime effort afin de dégager la responsabilité de son frère et d'obtenir pour lui la vie sauve. Quand elle constate qu'elle n'y parviendra pas, et que toutes ses supplications restent vaines, elle se tourne alors vers Lyzaran, l'embrasse une dernière fois et l'exhorte à bien mourir avec elle sur l'échafaud.

Son courage entraîne celui de son frère. Le spectacle remplit la foule d'admiration et c'est avec la plus intense émotion que celle-ci écoute Doralice adresser à Dieu une ultime prière avant de s'abandonner au bourreau : « Nous avons péché, Seigneur, nous avons péché, mais ressouvenez-vous que nous sommes les ouvrages de vos mains. Pardonnez notre iniquité, non pas comme aimant le vice, mais comme aimant les humains, en qui les vices sont attachés dès le ventre de leur mère. »

Surhumaine passion que celle de Doralice et Lyzaran ! Surhumaine passion devant laquelle le silence seul est de mise, ainsi que nous y convie l'épitaphe des incestueux, héros malgré eux d'une histoire d'amour et de mort dont la dimension les dépasse.

Telle devrait être, d'ailleurs, la vraie conclusion du récit de François de Rosset. Mais celui-ci serait impubliable s'il ne répondait pas à une intention. Et, quand il s'agit de relater une affaire de justice, un auteur n'a guère le choix ; ou bien il considère qu'il y a eu erreur judiciaire, ou bien l'autorité de la chose jugée s'impose à lui. Dans le cas des Ravalet, François de Rosset ne croit pas à l'erreur judiciaire. Donc, les jeunes gens sont coupables. Donc, la justice des hommes ne pouvait que les punir.

La grandeur de leur passion efface-t-elle le crime ? Non. Il faut, par conséquent, que le châtiment infligé aux Ravalet serve à instruire le peuple. Si François de

Rosset avait écrit quelques années plus tard, il aurait pu, paraphrasant la *Phèdre* de Racine, dire de ces amants sanglants, comme la triste héroïne de la pièce le fait pour elle-même, que la mort rend au jour que souillait leur crime toute sa pureté.

On trouvera donc, pour clôturer ce récit, les considérations moralisatrices d'usage sur la fin lamentable de deux jeunes gens, que le Ciel avait cependant pourvus de beauté et d'esprit plus que personne au monde, mais dont une exécrable passion abrégea les jours. Tragique histoire, qui nous rappelle que Dieu voit tout, sait tout et ne laisse aucune faute impunie. La sanction exemplaire infligée par les juges de France pour un crime aussi rare que l'inceste s'ajoutant à l'adultère doit faire espérer à tous les chrétiens que jamais plus le Seigneur ne permettra le renouvellement d'un pareil scandale dans notre beau pays.

Que pour autant les propos sentencieux de François de Rosset ne nous abusent pas : l'inspiration de l'*Histoire tragique* n'a rien à voir avec celle du *Supplice*. Elle se situe en réalité aux antipodes, et nous avons là, dans ces deux récits, deux attitudes antagonistes, qui reproduisent très exactement l'affrontement des deux camps qui s'étaient opposés, au sein d'une opinion divisée, pendant le temps du procès.

Ainsi, le *Supplice* et l'*Histoire tragique* annoncent et préfigurent les controverses, tantôt courtoises, tantôt pleines de fièvre, qui ont continué à faire de Marguerite et de Julien de Ravalet, génération après génération, les héros d'une de ces histoires hors série qui défient le temps et se montrent encore capables, plusieurs siècles après les faits, d'éveiller l'intérêt, l'indignation ou la compassion.

CHAPITRE XII

PÈLERINAGES

Le retentissement de l'affaire Ravalet a survécu à la chute de l'Ancien Régime. Resté vivace en Normandie, le souvenir de Marguerite et Julien en effet n'a cessé d'éveiller des sentiments contradictoires d'opprobre et de pitié. Tour à tour, écrivains et historiens, jusqu'à nos jours, sont venus puiser aux sources l'inspiration, qui d'un essai, qui d'un roman, qui d'un gros livre.

A l'instar des Atrides

Partant à la rencontre des guerres de Religion dans la Manche, l'érudit A. Delalande au XIXe siècle bute sur la lignée des Ravalet. De ses recherches, il va tirer la matière d'une horrifique histoire telle que les adore l'âge romantique. Son livre, publié en 1843 à Valognes, est ainsi complété par un récit particulier concernant les Ravalet, depuis les origines de la famille jusqu'à la retentissante affaire de 1603.

Ne demandons pas compte à l'auteur de ses incertitudes ni de ses approximations. Le souci de la rigueur historique s'efface derrière les dimensions épiques de la saga monstrueuse que Delalande cherche à ressusciter. « Il n'est guère de pays », écrit-il en préambule, « qui

149

n'apporte pour tribut à l'histoire quelque famille réprouvée et marquée du sceau de la fatalité. Longtemps après avoir épouvanté son époque par une série de crimes et de malheurs, elle reste dans le souvenir des peuples ; et son nom, qu'une ruine souvent ou qu'un champ de terre ont conservé, à défaut d'héritiers pour le transmettre, résonne tristement après elle, jusqu'à ce que, quelque jour, il retentisse dans le drame ou le roman qui s'en seront emparés. Depuis celle d'Atrée, en effet, le monde n'a pas manqué de ces races dont le sang coule toujours pour le crime, et que le crime retranche brusquement de la société. »

Voici la clé : les Ravalet à l'instar des Atrides ! Quel honneur ! Mais laissons poursuivre Delalande :

« Si la fatalité antique trouve maintenant chez nous une froide impassibilité, peut-être que la fatalité moderne, cette force qu'on n'ose plus appeler du nom d'une divinité, et qui pousse une famille irritée au milieu d'un siècle qui se la montre du doigt, y rencontrera-t-elle, au lieu de l'horreur païenne, un trésor de larmes et de pitié ? »

Les Ravalet, tel est le nom de cette famille que Delalande ne craint pas de comparer à celles d'Agamemnon, d'Œdipe et des Niebelungen. « Au moment où on l'entoure déjà de ce mystérieux que l'on aime aujourd'hui dans l'art et qu'elle est prête à passer à l'état de légende, il est temps d'en arrêter ici l'histoire. Le bourreau de Paris qui fonctionna pour elle, il y aura tantôt deux siècles et demi, est là du reste pour constater, avec sa hache, l'effroyable réalité. »

La réalité que Delalande prétend nous dévoiler est en fait, sous sa plume, un tissu d'erreurs et de légendes. Mais qu'importe : l'histoire des Ravalet, telle qu'on l'imaginait à Valognes en 1843, mérite d'être contée.

Voici d'abord, vers la fin du Moyen Âge, un Ravalet dont l'écuyer devait épouser une jeune fille du voisinage. Le Ravalet trouve la jeune fille à son goût et, avant les noces, l'enlève, la traîne dans une orgie de gentilshommes. Le lendemain, « un bûcheron matinal avait cru reconnaître le corps d'une femme enfoui dans le préau, et, plus loin, une tête informe et mutilée. Un jeu de quilles était à quelques pas et la boule était rouge de sang. Une horrible partie s'était donc jouée là, pendant la nuit ! Mais, huit jours après, il y avait encore du sang ailleurs, et, cette fois, c'était celui du seigneur dont la tête, toute ruisselante, se trouva au matin jetée dans sa chambre ». L'écuyer, entre-temps disparu et qui, seul, peut-être, aurait pu donner la clé du mystère, ne fut jamais retrouvé.

Sous la plume de Delalande, la série noire continue :

« Un Ravalet avait brûlé deux fermes au seigneur de Houtteville dont les ânes étaient venus paître dans son pré. »

« Un Ravalet avait pendu trois vilains aux chênes de son avenue pour n'avoir pas envoyé leur blé au moulin seigneurial. »

« Un Ravalet avait tué son frère et, en expiation de ce crime, avait fait un pèlerinage à Rome d'où il n'avait rapporté sa grâce qu'à la condition de fonder des églises et des monastères. Mais quand il s'était agi d'accomplir la pénitence, il avait trouvé dans la dureté des temps, quelque maladie, quelque famine, un prétexte suffisant pour s'en dégager. »

Au crime vient plus tard s'ajouter le sacrilège. « Un Ravalet, encore, avait assassiné son curé. S'étant senti de grand appétit un jour de Pâques,(...) il avait envoyé tout scrupule au diable et, réconforté d'un bon déjeuner, il avait osé se présenter ainsi à la table des fidèles. Le prêtre lui avait refusé l'hostie. Alors, de honte et de colère, le Ravalet avait tiré sa rapière et, dans l'église, sur les marches de l'autel, avait fait couler le sang du curé martyr. Le peuple attendit avec terreur la justice du roi. Elle ne vint pas. Au premier scandale on vit ainsi s'en rajouter un second, celui de l'impunité. »

Mais à trop vouloir défier la justice des hommes et celle de Dieu, les Ravalet, enfin, reçoivent le châtiment qu'ils avaient si bien mérité. Il arrive en la personne de Marguerite et Julien. Dans le récit de Delalande, Marguerite et Julien sont les deux seuls enfants de Jean de Ravalet (alors qu'ils étaient, rappelons-nous, huit frères et sœurs). Et comme François de Rosset, qu'il a probablement suivi, Delalande fait de Marguerite l'aînée, lui donnant dix-huit mois de plus qu'à Julien.

Lequel des deux fit le premier pas ? s'interroge gravement notre auteur dont l'imagination, devant ce mystère insondable, reste sèche. « L'histoire se tait », constate-t-il à regret. « Elle dit seulement que l'amour des enfants Ravalet suscite un jour un cri d'horreur qui dénonce l'abominable inceste. » Vite, les parents Ravalet marient la fille à un homme droit et bon, Jean Lefebvre.

Mais le diable possède le frère et la sœur, et l'adultère ajoute sa tache à celle qui marquait déjà la coupable passion des deux jeunes gens.

Un beau jour, la triste Marguerite découvre qu'elle porte dans son sein le témoignage de son parjure : elle est enceinte, et son mari n'y est pour rien. Craignant la juste vengeance de son époux, elle s'enfuit à Paris pour y subir le triste sort que nous savons.

Ainsi, conclut Delalande, « il a plu à l'histoire et à la tradition d'éteindre la famille des Ravalet dans la personne des malheureux suppliciés de la Grève... Il ne reste plus rien aujourd'hui de cette race féodale, et le souvenir que nous en recueillons ira, comme tant d'autres, se perdre dans la nuit des temps ; ou s'il subsiste, vague et indéterminé, passer dans le domaine de quelque rare conteur, que nos paysans ont seuls l'heureux privilège de faire parler encore. »

A cette idée, un autre érudit de Normandie, digne émule de Delalande, se rebiffe. Du Moncel, écrivant en 1850 l'histoire du château de Tourlaville, appelle de ses vœux le dramaturge de talent qui saura faire revivre l'épopée d'une famille tragiquement distinguée par le destin : « Il y aura tantôt trois siècles que le château dont nous faisons ici la monographie et dont nous réveillons les souvenirs, était en la possession d'une de ces familles marquées au sceau de la fatalité et heureusement bien rares, dont l'histoire n'est qu'une longue suite de crimes et dont le nom, justement maudit, a fini par disparaître dans l'oubli pour ne plus être rappelé aujourd'hui que par des ruines, en attendant qu'il retentisse quelque jour dans le drame ou le roman qui s'en seront emparés. »

Comparant, comme Delalande, l'histoire des Ravalet à celles d'Agamemnon et d'Œdipe, Du Moncel pense qu'il faudrait peu de chose pour « compléter un drame lugubre » en conviant l'imagination à suppléer au silence des documents.

Les aspioles de M. de Pontaumont

L'historien cherbourgeois Louis de Pontaumont veut bien relever le défi.

Prudent, il préfère s'appuyer d'abord sur une description minutieuse du château de Tourlaville, ou plus exactement sur ce qui en reste à son époque, pour évoquer les liens entre ce château et les Ravalet de sinistre mémoire.

« Au fond d'une fertile vallée des environs de Cherbourg, derrière un épais massif de hêtres et de chênes, se cache le manoir de Tourlaville, où il s'est passé d'effrayantes choses et où, autrefois, le beffroi n'a jamais tinté minuit sans que le cœur du passant ait éprouvé douze battements à cette heure officielle des visions nocturnes. »

Demi-voilé, paraissant et disparaissant à chaque souffle du vent, le château semble avoir été bâti par une sombre imagination. Certes, l'architecte de Tourlaville n'a pas créé les fantômes, mais il les a perfectionnés ; il n'a pas pris ses héros dans le monde réel, mais les a exhumés d'un monde sans nom, uniquement peuplé d'êtres fictifs.

Apparemment, M. de Pontaumont ne lui cède en rien dans le domaine de l'imagination. « Pour se livrer en conscience à l'étude du plan de ce sinistre édifice », poursuit-il en effet, « le hardi constructeur a dû se retirer à l'écart et se faire une vie conforme à sa vocation d'artiste infernal. Rien de terrible, en effet, comme les souterrains de Tourlaville, creusés, vers 1547, par ce sombre génie. Il avait dû consulter les fantômes, causer avec les revenants, appeler les farfadets, conférer avec les lutins et les aspioles ».

Les aspioles, pour qui pourrait l'ignorer, sont une race d'êtres surnaturels, cousins des lutins et des farfadets. S'ils hantent les fantasmes de M. de Pontaumont, celui-ci est cependant assez lucide pour constater que ses contemporains sont devenus, eux, les adeptes du positivisme le plus froid : « Le xvie siècle n'est plus, le nôtre a bien changé : on ne croit plus à rien aujourd'hui. La mythologie des ombres a été détrônée, elle est tombée dans le néant. » Nous sommes tous des esprits forts, et minuit n'est plus pour nous l'heure des terreurs paniques, mais simplement le milieu de la nuit. « Nous souperions avec les spectres de Julien et de Marguerite de Ravalet, si ces infortunés donnaient encore à souper à leur manoir. »

M. de Pontaumont reprend là-dessus son souffle et entreprend de nous décrire le château tel qu'il apparaît au regard du visiteur en ce milieu du xixe siècle. « Le château de Tourlaville, construit dans le goût de la Renaissance, avec tous les caprices élégants de l'architecture à cette date, est assis au fond d'une vallée d'où l'on aperçoit, par une clairière, Cherbourg sur sa nappe d'azur. » Parfois, la bise d'automne dépouille la forêt, dévoilant les formes du manoir. Alors, nous dit notre guide, « au plaisir de la curiosité satisfaite se mêle un vague sentiment de terreur. Il y a un souffle sinistre dans les grands arbres qui l'entourent, et l'œil, en plongeant librement dans le vide des bosquets défeuillés, retrace à l'esprit les criminels projets que leur ombre a dû couvrir autrefois ».

En fait, les lieux donnent plus une impression de mélancolie qu'ils n'inspirent véritablement la frayeur.

Ainsi, « les touristes d'automne qui parcourent les environs si délicieux de Cherbourg n'entrent pas tous dans le manoir de Tourlaville. Après avoir dépassé son pont-levis chargé de lierre, la plupart aiment à détourner leur pensée de la mémoire lugubre des Ravalet et à reporter leurs yeux sur les fertiles campagnes d'alentour. Ils aiment à saluer d'un dernier regard ce rare soleil de la Manche, qui perce de ses rayons encore chauds les bois dépouillés à demi de leur riche parure ; ils se complaisent à entendre dans le lointain les chants de l'alouette qui s'élance gaiement dans les airs. »

Au milieu de ce paysage riant, c'est le château qui fait contraste : « Ceux des touristes qui s'enhardissent à pénétrer dans l'enceinte du château ressentent aussitôt une impression mélancolique. Les grilles gémissent en tournant sur leurs gonds rouillés, et ils croient voir un pli de robe disparaître à travers les arbres, comme si l'âme d'une Ravalet s'enfuyait, surprise par leur approche. »

Les charmilles, qu'aucun jardinier n'élague plus, retiennent les visiteurs au passage par leurs rameaux, semblant les supplier de ne pas aller plus loin. La mousse et l'ortie poussent entre les dalles disjointes du kiosque oublié. « Les roses, étouffées par les herbes officinales, ont des parfums étranges qui donnent le vertige. Dans l'étang, l'eau noire croupit sous les vertes lenticules, et la tête de marbre d'un amour jadis délicieux, est tronquée et camarde comme le masque de la mort. »

Le château, dans son ensemble, conserve un cachet de grandeur et d'élégance. De l'édifice initial conçu en 1547, il reste peu de chose. La Tour des Vents, vaste bâtiment octogone qui le domine, étend ses murs noircis sous les anneaux de lierre épais. Et du côté du préau, on remarque, près d'une sculpture de bonne facture, les ruines d'une vieille tour ronde à meurtrières, sous laquelle ont été creusés souterrains et oubliettes.

La façade est d'une belle régularité, toute classique d'inspiration. Les croisées, à pilastres corinthiens, ont un entablement complet. Les portes sont d'ordre ionique, ainsi que les fenêtres de la tourelle de l'est. Les soupiraux des caves sont taillés avec goût.

La vieille tour ronde en ruine s'ouvre sur le préau par une porte à rez-de-chaussée. En cas d'attaque, trois meurtrières donnant sur le seuil de cette porte en commandaient l'accès, et la tour était elle-même défendue par dix autres meurtrières ménagées dans ses murs épais.

Le reste est plus banal. L'escalier qui conduit aux différents étages de la Tour des Vents, au lieu d'être tournant comme dans la plupart des donjons, s'achève et repart à chaque étage, de sorte que, pour arriver au sommet, on est obligé de passer par toutes les salles intermédiaires. A partir, cependant, du rez-de-chaussée, l'escalier devient tournant pour descendre, embrassant la circonférence entière de la tour. Il mène à une porte qui donne dans une salle sombre, enterrée du côté du préau, dégagée de l'autre côté, et communiquant

156

elle-même avec une autre salle plus vaste située sous la partie moderne du château. Cette seconde salle possède une belle voûte soutenue par une double rangée de piliers. Un escalier étroit conduit de là dans une petite cour située entre les murs d'enceinte du château et ceux de la première salle. Il est fermé par une solide porte, bardée de fer.

Quoi de plus classique, au fond, que cette disposition ? Le visiteur en vient à se demander si le château de Tourlaville cache vraiment les secrets qu'on lui prête. C'est alors que son chemin, tout à coup, va croiser celui de Marguerite et de Julien. Nous entrons maintenant dans l'autre partie du château. Elle est occupée presque en entier par quatre grandes salles à vastes cheminées Renaissance, ornées de peintures et de devises qui évoquent les sombres souvenirs attachés au château de Tourlaville.

Le plafond du boudoir situé dans une tourelle triangulaire et celui du salon de la Tour des Vents sont recouverts de peintures mythologiques. Dans la chapelle se trouve un vieux tableau à l'eau d'œuf représentant la Vierge et l'enfant Jésus. Mais la plus importante des peintures du château, la mieux conservée, est placée sur la cheminée d'une des grandes salles du premier étage. Laissons à Pontaumont le soin de nous la décrire : « Elle offre le portrait d'une châtelaine de Tourlaville, portant les modes des règnes de Henri IV et de Louis XIII. Elle est debout dans le préau, environnée d'amours aux yeux bandés, qu'elle repousse pour sourire à un seul dont les yeux sont sans bandeau et les ailes tachetées de sang. De la bouche de la dame part cette légende : *Un me suffit.*

Dans les autres pièces du château, on lit encore plusieurs descriptions où l'amour figure toujours. On y remarque celles qui suivent : *Ce qui me donne la vie me cause la mort. Sa froideur me glace les veines et son ardeur brûle*

157

mon cœur. Même en fuyant on est pris. Plus loin on lit ces deux vers :

> *Plusieurs sont atteints de ce feu,*
> *Mais ne s'en guérit que fort peu.*

Et ensuite des allégories avec ces légendes : *Ces deux n'en font qu'un* et *Ainsi puissai-je mourir !* »

Chacun aura pu reconnaître dans cette belle dame Marguerite de Ravalet.

Tourlaville-la-Terreur

Pontaumont essaiera, quelques années plus tard, de donner un nouvel élan à son imagination en mêlant l'affaire Ravalet à cette période de l'histoire de France si riche en épisodes tragiques : la Terreur.

L'aventure qu'il relate est supposée être celle d'une jeune fille dont le père a émigré en Angleterre et qui, en novembre 1793, à la veille de traverser clandestinement la Manche, fait halte au château de Tourlaville.

La jeune fille se sent bientôt la proie d'impressions bizarres ; les lieux lui semblent porter en eux une puissance maléfique. « Je dors mal dans ma chambre où des devises mélancoliques m'attristent et, dans mes insomnies, je crois entendre des bruits étranges dans un cabinet attenant à la petite chambre où je couche », écrit-elle ainsi à une amie. Cette chambre est évidemment la pièce évoquée par Pontaumont dans sa description précédente du château.

Le séjour de notre héroïne se prolonge. La mer est mauvaise, les soldats de la République font bonne garde, bref, les risques sont trop grands pour tenter raisonnablement de passer en Angleterre. La jeune femme ressent avec force l'envoûtement de ces lieux qui semblent cacher en leur sein le souvenir d'un grand drame, et c'est à contrecœur qu'elle se voit obligée de rester quelques jours de plus à Tourlaville.

Bientôt, l'aventure va côtoyer le drame. L'héroïne, un soir, se promène dans le jardin du château que borde un grand étang et dont l'aspect lui paraît en singulière harmonie avec ses pensées lugubres. Au milieu de ce jardin, un petit enclos, borné d'un côté par une rangée de vieux coudriers, de l'autre par une haie de houx. L'allée se termine par un bosquet d'ifs au milieu desquels se dresse une table de bois à demi pourrie. Des herbes sauvages et des lauriers-thyms croissent à l'entour, ne laissant d'autre chemin qu'une allée de gazon qui s'ouvre entre la haie et les sapins. Dans les carrés de terre, on peut voir çà et là quelques légumes et, à chaque extrémité de l'enclos, une rangée de coudriers dont les cimes se touchent, formant un berceau continu tout le long du jardin. « La nuit était presque close et le temps était froid et brumeux quoiqu'il fît peu de vent. J'allai m'asseoir au bout de l'allée de sapins sous le bosquet d'ifs qui exhalaient une saveur pénétrante. » Un profond silence règne dans le jardin, et la jeune femme s'abandonne à une rêverie des plus tristes sur les malheurs de sa famille et l'état précaire où elle se trouve comme fille d'émigrés, sans ressources et sous le coup des poursuites du Tribunal révolutionnaire.

« Tandis que j'étais ainsi livrée à des réflexions pénibles, mes yeux se portèrent par hasard vers l'extrémité de l'allée longue et obscure que j'avais devant moi, je vis subitement paraître une figure que la nuit m'empêcha de distinguer nettement. Je crus seulement apercevoir une femme vêtue de blanc qui semblait agiter un bras comme pour me faire signe d'aller à elle... Je me levai vivement et marchai vers cette personne qui semblait m'attendre ; mais à mesure que j'approchais,

159

les formes humaines de cette femme s'évanouissaient graduellement. Frappée d'effroi à la vue de cette apparition surnaturelle, je me hâtai de regagner ma chambre en tremblant au bruit que les feuilles sèches faisaient sous mes pas. »

Au pied de l'escalier de la tourelle où elle couche, un brave épagneul sollicite ses caresses. Le chien la suit, « mais à peine eus-je atteint la porte de ma chambre qu'il s'enfuit avec rapidité. Je ne saurai dire l'effroi qui me saisit lorsque j'entrai, mais n'apercevant rien et me sentant glacée, je ravivai le feu de la cheminée. Lorsqu'il commença à pétiller, je m'assis et je mangeai le petit souper que la bonne dame Fournel [1] avait apporté pendant mon absence ». La pauvre fille reprend alors un peu courage et s'efforce de ne plus penser à sa frayeur de tout à l'heure. Regardant par la fenêtre, elle ne voit qu'une nuit paisible, et la lune dont le reflet à la surface de l'étang laisse de tremblantes traînées d'argent entre lesquelles de longs sillons d'ombre se fraient un passage tout parsemé d'étoiles.

Plus qu'à moitié rassurée, elle se met au lit, non sans avoir préalablement fermé au verrou la porte de sa chambre et celle du cabinet. « Je ne conçois pas comment, après avoir éprouvé une si forte impression au jardin, mes esprits purent se calmer au point de me permettre de dormir. Mais, après avoir perdu connaissance pendant quelque temps, je me réveillai en sursaut croyant entendre du bruit. A travers les rideaux de mon alcôve, je vis une femme, jeune et belle, en riche costume du dernier siècle. Elle était debout devant ma cheminée dont le feu s'éteignait. A ses pieds était un jeune gentilhomme, couvert de sang, qui lui embrassait les mains avec transport en poussant de profonds soupirs. Je me levai sur mon séant pleine d'épouvante.

1. C'est la dame qui héberge la jeune femme et prend soin d'elle.

Cette femme me tournait le dos et, sous un riche collier de perles qui ornaient son cou, je vis distinctement une large trace de sang vermeil. Soudain elle se retourna vers mon lit... Saisie de terreur, je cachai ma tête sous mes draps et m'évanouis. Il était minuit environ. Au jour, lorsque je revins de mon évanouissement, un pâle soleil d'automne faisait briller les petits carreaux plombés de ma fenêtre et les deux longues couleuvrines de la cour. »

Le lendemain, la jeune femme prenait la mer et se retrouvait en Angleterre, auprès de sa famille, libérée de l'angoisse et de la peur.

Le royaume de l'Amour aux ailes sanglantes

C'est cette même angoisse qui étreint à son tour un autre visiteur, Théophile Gautier, venu fortuitement à Tourlaville quelques années plus tard.

Théophile Gautier, en août 1858, est invité à l'inauguration des nouveaux bassins du port de Cherbourg, en présence de Napoléon III et de la reine d'Angleterre. Un petit livret local lui donne envie de visiter le château de Tourlaville.

« Le premier aspect du château », écrit-il dans le récit qu'il publie de son voyage, « saisit comme un décor d'opéra... L'abandon règne en maître dans ce logis que, peut-être, le soir, hantent les spectres de ces terribles Ravalet dont l'amour était un crime. Sur les vitres dépolies par l'âpre vent de la mer, la moisissure a plaqué ses lèpres jaunes. »

Théophile Gautier s'est fait raconter l'histoire de Julien et de Marguerite. C'est la proximité de la mer qui le frappe, si propice à la rêverie ; et le romancier d'imaginer la belle Marguerite appuyant, songeuse, contre les vitres, face à l'Océan, « cette tête charmante

161

qui devait tomber en Grève sous la hache du bourreau ! »

Le fantôme de Marguerite hante Théophile Gautier,
comme il hante ce qui fut la chambre de l'héroïne,
comme il imprègne chaque recoin d'un lieu où, depuis
le drame, le seul amour qui désormais puisse régner est
l'Amour aux ailes sanglantes.

« *Il y avait une fière énergie dans les cœurs* »

Barbey d'Aurevilly à son tour découvre l'affaire
Ravalet. Il va lui donner en 1886 une dimension
exceptionnelle avec la parution d'*Une page d'histoire
(1603)*.

Quel style, et qu'il fait aisément pardonner les
erreurs dont le récit s'émaille ! Julien et Marguerite de
Ravalet ? « Je les ai retrouvés partout dans ce château,
entrelacés après leur mort comme ils l'étaient pendant
leur vie. Je les ai retrouvés, errant tous deux sous ces
lambris semés d'inscriptions tragiquement amoureuses,
et dans lesquels l'orgueil d'une fatalité audacieusement
acceptée respire encore. Je les ai retrouvés dans le
boudoir de la tour octogone où je me suis assis près
d'eux en cherchant des tiédeurs absentes sur le petit lit
de ce boudoir bleuâtre dont le satin glacé était aussi
froid qu'un banc de cimetière au clair de lune. »

Devant le tableau qui est censé représenter le portrait
de Marguerite, Barbey d'Aurevilly exprime des doutes
sur l'authenticité des devises qui ont tant ému ses
prédécesseurs : « Ces inscriptions, dont quelques-unes
sont fort belles, auront été placées là après coup. Elles
étaient dans le génie du temps, et le génie du temps,
c'était la passion forcenée. » Dans ce tableau, un détail
lui paraît suspect, celui des Amours aux ailes blanches
dont la jeune femme est entourée. « Parmi ces Amours,

il en est un aux ailes sanglantes. Ce sang aux ailes indique par trop qu'il a été mis là après la mort sanglante de Marguerite. » Faut-il pour autant récuser l'authenticité du portrait ? Barbey d'Aurevilly n'ira pas jusque-là, car il est convaincu qu'il s'agit bien de Marguerite : « Si elle n'a pas posé vivante devant le peintre inconnu qui l'a retracée, elle a posé dans une mémoire ravivée par le souvenir de l'affreuse catastrophe qui fut sa fin. »

Alors, les Ravalet, monstres ou victimes ? A choisir entre les diverses traditions, parfois discordantes, qui courent sur eux et sur « l'affaire », Barbey d'Aurevilly, d'instinct, penchera pour François de Rosset. Marguerite et Julien furent avant tout les victimes de leur passion, mais cette passion, avec quelle intrépidité ils ont su l'assumer !

Eh oui, c'est une bien belle histoire d'amour que celle des Ravalet, toute nimbée de grandeur tragique — la grandeur d'une époque révolue qu'aucune autre, peut-être, n'égalera jamais. « Dans le temps où cet amour et ce bonheur, qui durent être inouïs, pour être si coupables, s'enveloppèrent de ténèbres trahies, comme elles le sont toujours, par des sentiments incompressibles, il y avait pourtant une fière énergie dans les cœurs. Les passions, plus mâles que dans les temps qui ont suivi, étaient montées à des diapasons d'où elles sont descendues, et où elles ne remonteront probablement jamais plus. »

CHAPITRE XIII

A LA RECHERCHE DES RAVALET

La longue traque de Tancrède Martel

Avec Barbey d'Aurevilly, on pouvait penser que tout avait été dit sur le sombre destin des Ravalet et, pendant plus d'un quart de siècle, en effet, nul n'allait se hasarder à rouvrir le dossier. Le succès d'*Une page d'histoire (1603)* conduisait l'auteur à l'inclure dans ses *Diaboliques* et décourageait toute tentative de reprendre le fil d'une affaire qui semblait désormais totalement connue et balisée.

Voici pourtant qu'en 1910 il prenait soudainement envie à un homme plus courageux que les autres de recommencer l'enquête à zéro en s'attaquant une fois de plus aux Ravalet.

Qui est cet audacieux, ce téméraire? Il se nomme Tancrède Martel — en fait, un pseudonyme derrière lequel se cache Napoléon Gras.

Le personnage est des plus attachants. Historien, romancier, essayiste, auteur de pièces de théâtre, il est méthodique, scrupuleux, et en même temps doté d'un pouvoir d'imagination qui donne à ses évocations du passé la chaleur et le mouvement de la vie.

L'Espagne du Siècle d'or, la fin du Moyen Age, l'exubérance des guerres de Religion, les élans baroques

165

qui bouillonnent sous l'apparence compassée d'un certain XVIIe siècle : telles sont les époques de l'histoire qui, plus que d'autres, fascinent Tancrède Martel. Le duc d'Épernon, les dramaturges secondaires du théâtre français du XVIIe siècle, les grands mystiques, Richelieu, des personnalités de premier plan, des méconnus de l'histoire, sont tour à tour l'objet de sa curiosité. Jusqu'à ce jour de 1910 où Tancrède Martel rencontre Julien et Marguerite de Tourlaville.

Napoléon-Tancrède n'est pas de ceux qu'un à-peu-près satisfait. Pour pouvoir affirmer, il exige des preuves. Alors, pendant trois ans, sans relâche, il va traquer les Ravalet.

Il ausculte les dépôts d'archives, avide de relever la moindre trace laissée dans la mémoire des siècles par la lignée maudite.

Il se déplace sur le terrain, arpentant le Cotentin dans tous les sens, visitant Sideville, Cherbourg, Tourlaville, Arreville, Valognes, Coutances, Saint-Christophe-du-Foc. Il scrute les témoins de pierre qui demeurent du cadre où évoluèrent les Ravalet ; ici, la vieille ferme de Sideville, qui n'a guère dû changer depuis le temps où elle fut leur propriété ; à Cherbourg, la maison de Jean III et Madeleine de Ravalet ; à Valognes, le couvent Notre-Dame-de-Protection devenu (il l'est toujours) l'hôpital de la ville ; à Hambye, Tancrède Martel se rend sur le site de l'ancienne abbaye, qui n'est plus que ruines ; à Paris, rue Saint-Denis, il repère ce qui fut l'hôtellerie Saint-Leu, où Julien et Marguerite ont connu leurs derniers jours de liberté et de bonheur.

Des nuées d'érudits de toutes les régions l'aident à remonter la filière des Ravalet jusqu'en Saintonge et au temps de Jeanne d'Arc, à distinguer les Ravalet-Sideville des Ravalet-Tourlaville, à restituer à

Jean III et Madeleine leurs huit enfants que François de Rosset avait sans façon ramenés à deux.

Il analyse d'un œil attentif les archives judiciaires de l'affaire Ravalet, providentiellement parvenues jusqu'à nous.

Grâce à cette masse d'informations, d'enquêtes, de recoupements, Tancrède Martel parvient à reconstituer le parcours des Ravalet, depuis leur première apparition dans l'histoire jusqu'à l'extinction de la famille, en passant évidemment par nos deux incestueux.

Les pages s'amoncellent. En 1913, un livre est né. Tancrède Martel s'apprête à le publier quand la guerre de 14 éclate. Le moment lui paraît mal venu de détourner les énergies des Français du combat contre le Kaiser. Tancrède Martel n'a qu'un souci en tête : Guillaume II ; c'est sa bête noire, l'unique objet d'une pensée tout entière tendue vers le châtiment que mérite l'empereur maléfique.

Le 11 novembre 1918, l'Allemagne jette l'éponge. Tancrède Martel exulte. Qu'ils sont doux, les lendemains de victoire ! Mais bientôt, le train-train de l'existence quotidienne reprend ses droits, et Tancrède Martel songe aux Ravalet dont l'histoire sommeille depuis 1913 dans un tiroir. Et c'est ainsi qu'en 1920 paraît enfin en librairie un fort volume de 417 pages intitulé *Julien et Marguerite de Ravalet (1582-1603)*

Ombres et lumières d'une saga familiale

L'ouvrage est plaisant, et il mérite qu'on le reconnaisse. Mais il laisse sur sa faim.

Emporté par sa passion de comprendre, Tancrède Martel ne s'est pas contenté de la trame des faits concernant Julien et Marguerite de Ravalet. Il a voulu embrasser toute une saga familiale, qu'il est à l'évidence légitimement fier d'avoir réussi à retracer. Et, pour mieux pénétrer la psychologie de ses deux héros, il s'est efforcé d'imaginer leur vie de tous les jours. Se heurtant aux limites de la documentation disponible, il a voulu, dans ce dessein, éclairer les moments les plus importants de leur existence, non pas, certes, comme l'avaient fait ses devanciers du xixe siècle en inventant carrément des notations et des détails purement fictifs, mais en empruntant à des mémorialistes de la fin du xvie siècle et du début du xviie siècle, donc à peu près contemporains des incestueux, des anecdotes, des descriptions ou des réflexions, qu'il raccroche à son récit.

Faut-il aller jusqu'à dire que, par cette méthode, l' « affaire » et ses deux héros sont dans une certaine mesure écrasés sous cet amas de pièces rapportées ? Il y a assurément de cela, et, à n'en pas douter, c'est la raison essentielle pour laquelle le livre de Tancrède Martel n'a pas recueilli auprès du public l'accueil triomphal qu'auraient dû lui valoir l'ampleur et la qualité de l'entreprise.

Il avait eu du moins le grand mérite d'attirer, une nouvelle fois, l'attention de l'opinion sur les Ravalet et, notamment, sur le triste état dans lequel se trouvait le château de Tourlaville. La ville de Cherbourg s'y intéressait — le château s'élève à 5 kilomètres à peine du centre-ville. En 1935, elle s'en rendait propriétaire, et procédait à une restauration fort bien conçue.

Aujourd'hui, le château des Ravalet et le parc qui l'entoure sont accessibles aux visiteurs, qui viennent nombreux de Cherbourg et des environs. Sur la petite route qui y conduit, une pancarte, une seule, perdue au bord du fossé, la signale comme étant le « chemin du château des Ravalet ». Quand on arrive à l'entrée du domaine, un grand panneau donne les horaires d'ouverture. Mais rien ne permet de deviner, pour qui n'est pas du pays, où l'on se trouve, comment s'appellent ce parc et ce château, et quelle histoire s'attache à ces lieux. Le souvenir des Ravalet serait-il aujourd'hui encore sous le coup de la malédiction qui aura pesé, de siècle en siècle, sur cette famille ?

Au fond, c'est cela qui manque dans le livre de Tancrède Martel comme dans tous les textes publiés avant lui : pourquoi l'inceste ? Que représente-t-il pour les sujets d'Henri IV, pour Julien et Marguerite de Ravalet ? Quel a été le cheminement secret de la passion qui s'est emparée d'eux, poussant le frère et la sœur dans les bras l'un de l'autre ? Quel engrenage les a déterminés à fuir ensemble, à prendre ainsi le risque du scandale public, des poursuites judiciaires, et du châtiment de ce que le droit et les juges ne pouvaient que leur imputer à crime ? Aucune recherche d'archives sur les Ravalet ne permet, ni, sans doute, ne permettra jamais d'y répondre, et pas davantage la référence aux Atrides ou les effets de style plus ou moins inspirés.

Les amants maudits de Tourlaville

Une romancière, récemment, s'est posé la question et, partant en quête de l'humaine vérité de Julien et de Marguerite, en a rapporté un beau livre. Il s'agit de Colette Piat, avocate devenue écrivain, qui a fait paraître, en 1985, *Julien et Marguerite, les amants maudits de Tourlaville,* titre que l'auteur a significativement fait suivre du mot : « roman ».

C'est bien d'un roman qu'il s'agit, écrit avec toute la liberté qu'autorise le genre. Mais c'est aussi une reconstitution extrêmement minutieuse, nourrie d'une connaissance approfondie du temps où vivaient les Ravalet.

Devant nous se dressent des figures de chair.

Le père Ravalet, d'abord, Jean III, un peu soudard

169

sur les bords, paillard ô combien ! Son principal problème, lorsque le récit commence, c'est que les charmes passablement fatigués de sa femme Madeleine l'attirent décidément moins que ceux des ribaudes de Cherbourg ou des servantes du château, qu'il se hasarde à lutiner dans les embrasures des fenêtres.

Madeleine est éprise de son mari, mais souffre de son indifférence. Les soins du ménage, l'éducation des filles, la lecture et le luth, ne suffisent plus à satisfaire sa soif d'autre chose. Un jeune maître de musique débarque dans son univers. On devine le reste.

Autre figure importante du monde des adultes, l'abbé de Hambye. Sous la plume de Colette Piat, c'est un personnage rabelaisien : « Les bajoues roses, le triple menton s'étageant jusqu'au col, les yeux bouffis enfoncés dans une graisse pâle, le ventre énorme gonflant la soutane, toute la personne de l'abbé de Hambye laissait apparaître que son dernier carême devait remonter à Charles IX. » Seul le crâne dénudé donne « un air de dignité austère à cet abbé qu'on imaginait davantage à table qu'à genoux ».

Les sentiments de Jean III de Ravalet à l'égard de son oncle ? Ils ne sont guère débordants d'affection, mais quoi, l'abbé de Hambye est richissime, on est bien obligé de le ménager dans l'intérêt des enfants, et particulièrement de Julien qui doit hériter de ses bénéfices ecclésiastiques.

Julien ! Nous suivons pas à pas la vie heureuse d'un petit garçon dans le beau pays de Tourlaville. On s'amuse, on apprend à monter à cheval, on étudie, aussi. La compagne de jeux préférée de Julien est Marguerite, la petite sœur qu'on est triste de quitter lorsque le moment vient d'aller en pension au collège de Coutances.

Les enfants grandissent, Julien et Marguerite se sont transformés en deux beaux adolescents que les parents songent maintenant à établir. Quand ils se revoient après quatre années de séparation, un trouble inconnu les saisit. Le désir, par degrés, les conduit jusqu'au point où l'irréparable se produit. Ils deviennent amants.

Pour couvrir la faute, une seule solution : marier Marguerite au plus vite. C'est l'heure de Jean Lefebvre, l'enfer du logis Hautpitois, les coups, les retrouvailles avec Julien, la fuite qui mène à Fougères, à Paris et, pour finir, en place de Grève sous l'épée du bourreau.

Laissons à la romancière la responsabilité de ses évocations. A coup sûr, ce sont les couleurs de la vie qu'elle a prêtées aux amants maudits, à leurs proches, à cette France truculente et bigarrée qui les entoure et où s'inscrit l'aventure de nos deux héros.

Par-delà le bien et le mal

On ne peut en effet comprendre les Ravalet si l'on ne cherche pas à pénétrer l'âme de leur époque, cette époque de la fin des guerres de Religion et des premières années du XVIIe siècle, exubérante entre toutes, où les passions se libèrent, où la cruauté côtoie la tendresse, où les frontières du bien et du mal, souvent, s'effacent.

L'homme moderne est en train de naître. Ayant soudain pris conscience de la puissance de son esprit, il pense le monde comme sa chose et refuse toute limite à l'ardeur de savoir et d'entreprendre qui le possède. Les vastes océans, l'immensité des terres d'Amérique, les amples spéculations en tout genre, lui sont à présent aussi familières que, naguère, l'espace de quelques lieues carrées où son existence, de la naissance à la mort, sagement s'écoulait.

L'imprimé se multiplie, formidable caisse de résonance pour les informations, les rumeurs, les connaissances flambant neuves mises au jour par les sages et les savants. Certaines cervelles mal farcies en perdront le sens de la mesure. Mais quelle ivresse quand le sentiment s'empare de vous que le progrès ignore toute borne, toute fin !

La religion, sur la sellette, en fait les frais à sa manière. Chacun veut se lancer dans l'exégèse et se considère en droit d'interpréter à sa guise la révélation divine ; certains vont même jusqu'à récuser la réalité de cette révélation elle-même. La Raison entre en scène. Elle est d'abord l'auxiliaire de la foi ; elle en sera bientôt la rivale, avant d'ambitionner de la supplanter.

La morale d'autrefois ? Elle est secouée sous le choc du grand brassage des idées et des gens. La Renaissance, les guerres de Religion : prodigieuse fête des corps et des esprits, où le raffinement sombre dans l'orgie et le sang. Les règles les mieux assises de la société volent en éclats.

La femme, accédant à la culture, accède aussi à toutes les formes de plaisir. Les privilèges que la pratique sociale lui accorde en général dépassent de plus en plus fréquemment, dans l'Occident chrétien, le strict cadre juridique qui la maintient dans la condition d'une mineure, étroitement surbordonnée au mâle. Quand la guerre est là, la femme s'engage autant que l'homme, prenant sa bonne part des coups reçus et donnés, dans la rude vie des camps, des chevauchées et des sièges, qui scandent la marche du temps vers l'apparition d'un monde nouveau, forgé au fil des épreuves.

Du sein de la violence émerge peu à peu un autre idéal. Les Églises s'épurent, les pointillismes dogmatiques tendent à s'estomper derrière le souci d'un mode de vie chrétien. L'honnête homme surgit de sa gangue, pétri de modération, de savoir-vivre et d'une culture sans pédantisme, solide, soumise aux impératifs de l'ordre. Ordre littéraire, reflet de l'ordre économique, de l'ordre politique — de l'ordre moral, aussi. Viscéralement attaché à l'ordre, l'âge classique couvre de son manteau de respectabilité et d'honorabilité les tempêtes de l'esprit baroque; mais celles-ci sont toujours présentes, toujours prêtes à exploser sitôt que le couvercle des interdits et des contraintes devient trop lourd à supporter. Contradictions d'une époque complexe et tourmentée au milieu des joies les plus débridées. Et comme ils sont bien de ce temps, Julien et Marguerite de Tourlaville, mettant leur amour, fût-il criminel au jugement de la société, au-dessus des règles de la morale et de la religion, dans cette seule vérité que circonscrivent leurs passions !

Autopsie d'un monstre

« Ils étaient si beaux qu'on eût cru que la nature avait pris plaisir à les former pour faire voir un de ses miracles. » Après avoir vu, le 2 décembre 1603, Julien et Marguerite marchant crânement au supplice, Pierre de l'Estoile ne pouvait s'empêcher de confier à son *Journal* la stupéfaction dans laquelle l'avait plongé le spectacle de ces deux êtres dont l'extrême beauté était comme un masque dissimulant le plus noir des crimes. Les monstres cachent parfois des horreurs sous une face d'ange, et l'histoire des hommes est remplie d'exemples qui révèlent que la nature n'est pas avare de tels miracles, de telles aberrations.

Auprès de ces autres actes abominables que sont la sodomie, la bestialité, le parricide, la sorcellerie, l'inceste se range parmi les forfaits les plus grands dont les êtres humains puissent se rendre coupables. Ainsi pensent l'homme et la femme du XVIIᵉ siècle. Ainsi pensent les contemporains d'Henri IV, de Louis XIII et de Louis XIV.

Pour l'un de ces hommes, qui est Jean Racine, l'inceste est peut-être même le forfait le plus grand qui puisse exister, en tout cas celui qui provoque la plus trouble attirance mêlée d'horreur et de désir. Giraudoux, avec perspicacité, avait deviné combien tout le théâtre de Racine est un théâtre de l'inceste. Mais c'est évidemment dans *Phèdre* qu'en apparaît l'illustration la plus directe, la plus flagrante.

Le sujet de *Phèdre*, c'est l'inceste, non pas entre un frère et une sœur, mais de belle-mère à beau-fils. La princesse Phèdre, que le roi Thésée a épousée en secondes noces, tombe éperdument amoureuse d'Hippolyte, le fils que son mari a eu d'un premier lit. Passion incestueuse au regard des normes de la société. Passion impossible, qui ne produira que la mort.

Phèdre, que Racine, dans la préface de la pièce, déclare « ni tout à fait coupable, ni tout à fait innocente », porte en elle le drame d'une nature par essence ambiguë. Condamnée par les dieux à chercher désespérément son innocence perdue, elle vit dans le mal, et en meurt. Sur elle pèsent la fatalité de l'hérédité et les décrets divins. Elle le sait, elle voudrait y échapper, mais sa volonté est impuissante ; Phèdre perd le contrôle d'elle-même et, quelque résistance qu'elle cherche à lui opposer, elle est inexorablement emportée par le torrent de sa passion fatale. La lutte du jour et de la nuit, de la lumière et de l'ombre est pour ainsi dire gravée au cœur de Phèdre. Phèdre est un monstre, et monstrueux est son forfait, même si Phèdre meurt sans l'avoir consommé.

Brève histoire de l'inceste

On aurait beaucoup étonné Pierre de l'Estoile et Jean Racine si on leur avait dit que la première condamnation de l'inceste date des capitulaires de Verberie en 758. Encore faut-il noter que la peine que ceux-ci prévoyaient d'appliquer aux incestueux reste bien légère : il leur est seulement défendu de se marier.

Dans l'Antiquité, l'inceste frère-sœur apparaît souvent pratiqué.

Le couple majeur des dieux qu'honorent les anciens Égyptiens est constitué par Osiris et Isis, frère et sœur, amant et amante.

Certaines dynasties pharaoniques ne dédaignent pas de faire du mariage frère-sœur le moyen privilégié de préserver la pureté de la famille régnante. A l'époque des Ptolémées, la chose est érigée en principe, et systématiquement appliquée.

Le monde des Incas obéit aux mêmes règles. L'inceste est interdit au peuple, mais l'Inca a le droit d'épouser sa sœur.

Chez les Grecs, l'Olympe donne l'exemple. Les unions incestueuses sont fréquentes parmi les dieux. Homère nous rapporte, sans que cela paraisse le moins du monde le scandaliser, qu'Eole, le dieu des vents, a marié ensemble ses six fils et ses six filles. L'inceste frère-sœur dépasse au demeurant les limites du monde des dieux puisque l'historien Cornelius Nepos nous dit que Cimon, fils du citoyen athénien très ordinaire qu'était Miltiade (même s'il fut le vainqueur de Marathon) avait épousé sa sœur.

Les Perses semblent avoir admis l'inceste frère-sœur.

Quant aux Hébreux, c'est une situation qu'ils connaissent également. Abraham épouse Sarah, qui est sa demi-sœur du côté paternel. Et le *Cantique des Cantiques* ne se prive pas d'invoquer la bien-aimée comme « ma sœur, ma fiancée ».

En plein Moyen Age chrétien, l'histoire du pape Grégoire réitère les incestes royaux de l'Antiquité égyptienne et de la mythologie grecque, tout en épuisant, si l'on peut dire, presque toutes les formes d'inceste à la fois. Un frère et une sœur jumelle s'unissent. Ils ont un fils. Celui-ci, plus tard, épouse sa mère et, ensemble, ils ont un fils. Lorsque sa parenté lui est révélée, ce dernier fait pénitence, entre dans les ordres — et devient pape.

La Renaissance est fertile en exemples spectaculaires dont l'un, comme dans l'histoire de Grégoire, remonte jusqu'au pape. Ainsi, Lucrèce Borgia entretient des relations incestueuses avec son frère, César Borgia, et avec son père, le pape Alexandre VI.

Au XVIIe siècle, il se dit ouvertement, dans les salons parisiens, que chez les Guise, famille illustre, on aurait de fâcheuses habitudes entre frères et sœurs. Et la Fronde, en plaçant sur le devant de la scène l'éblouissante duchesse de Longueville, va trahir en même temps la nature des relations très particulières qu'elle entretient avec son frère le prince de Conti.

Le XVIIIe siècle ira plus loin. En décidant d'affranchir la nature, il revêt la passion d'un caractère sacré et réhabilite par la même occasion l'inceste.

Dans la *Nouvelle Héloïse*, Rousseau procède à une démonstration en règle de la légitimité et l'on pourrait presque dire, de la perfection naturelle de l'inceste entre frère et sœur : « Si le corps seul produit la pensée, et que le sentiment dépende uniquement des organes, deux êtres formés d'un même sang ne doivent-ils pas avoir entre eux une plus étroite analogie, un attachement plus fort l'un pour l'autre, et se ressembler d'âme comme de visage, ce qui est une grande raison de s'aimer ? »

Les Romantiques n'oublieront pas la leçon. L'un des

premiers et des plus grands, Chateaubriand, vit une passion incestueuse, aussi vive que platonique, avec sa sœur Lucile, qui marque son inspiration et fait de l'inceste frère-sœur l'un des thèmes majeurs de son œuvre.

Ainsi, l'un de ses personnages, René, avoue : « Timide et contraint devant mon père, je ne trouvais l'aise et le contentement qu'auprès de ma sœur Amélie. Une douce conformité d'humeur et de goûts m'unissait étroitement à cette sœur. » A ce bonheur d'être ensemble se joint, il est vrai, le sentiment teinté d'amertume que fait naître la fuite du temps : « Qu'ils sont doux mais qu'ils sont rapides les moments que les frères et sœurs passent dans leurs jeunes années, réunis sous l'aile de leurs vieux parents. »

Cette communion naturelle du frère et de la sœur, où peut-on mieux l'évoquer que dans l'immense forêt américaine, parmi ces populations que nous appelons sauvages et qui sont restées plus proches des origines de l'humanité ? Écoutons Atala : « Je ne vous parlerai point des mariages des premiers-nés des hommes, de ces unions ineffables, alors que la sœur était l'épouse du frère, que l'amour et l'amitié fraternelle se confondaient dans le même cœur. » Nous n'en sommes plus là aujourd'hui. Comme les héros wagnériens Siegmund et Sieglinde, René et Amélie vivent une passion fatale, une passion qui ne peut déboucher que dans la mort. C'est une sorte de poison que distille René. Sa sœur Amélie aurait encore une possibilité de salut, le couvent, refuge contre la passion ; « il est des malheurs qui séparent pour toujours des hommes », écrit-elle à René. Pour celui-ci, en revanche, la mort est au bout du chemin, inéluctable, inévitable, la mort tragique qui était dès l'origine inscrite dans sa destinée, dans son inceste, la mort comme pour Phèdre, comme pour Julien, comme pour Marguerite.

Le dossier noir de l'inceste aujourd'hui

Dans la France d'aujourd'hui, sous l'empire du Code pénal de Napoléon, les amants de Tourlaville n'auraient pu être inquiétés. Seule la loi civile, plus dure que la loi pénale, les aurait sanctionnés en leur interdisant la reconnaissance légale de leur filiation incestueuse.

Notre pays fait à cet égard exception par comparaison avec ses principaux voisins. Le Code pénal allemand, par exemple, punit l'acte sexuel entre frère et sœur d'un emprisonnement pouvant atteindre deux ans.

L'inceste n'est considéré sur le plan pénal, en droit français, que comme une circonstance aggravante dans le cas de viol ou d'attentat à la pudeur commis sur la personne d'un mineur. Certains criminologues ont pu estimer que l'inceste intervenait pour un tiers du total des attentats sexuels.

Une étude effectuée en 1973 à partir des statistiques établies par la Gendarmerie nationale montre qu'il se constate en France environ 300 incestes par an, soit 6 par million d'habitants, proportion assez semblable à celles qu'on relève dans les autres pays occidentaux. Sur ce total, les incestes frère-sœur représentent entre 13 % et 14 %. Mais la réalité dépasse certainement très largement le nombre des faits qui donnent lieu à poursuites. Un magistrat de haut rang estimait que les agissements sexuels illégaux sont sans doute vingt fois plus nombreux que les actes effectivement poursuivis. Un éminent responsable de la police porte pour sa part cette proportion à cent fois ! L'analyse sociologique effectuée à l'occasion de cette étude confirme par ailleurs l'idée très répandue qui veut que l'inceste se pratique davantage dans les milieux modestes, où les conditions économiques, et notamment le logement, sont défavorables. Elle tendrait d'autre part à indiquer que l'inceste est commis pour un peu plus de la moitié des cas dans les zones rurales, alors que celles-ci ne rassemblent qu'un quart de la population française.

Quelles sont les racines psychologiques de l'inceste frère-sœur ?

L'enquête de 1973 fait ressortir qu'un pourcentage notable des cas de ce type ayant fait l'objet de poursuites révèle l'existence de troubles psychiques, essentiellement à type de débilité. C'est au fond la situation que Zola décrit dans la *Terre ;* Hilarion est un pauvre garçon, bancal, idiot, affligé de surcroît d'un bec-de-lièvre ; sa sœur Palmyre, passive et bonne à tout, cède à la fois à ses instances et au plaisir d'avoir plus chaud.

La débilité, légère ou profonde, ne rend cependant pas compte de l'ensemble de la réalité.

Tabou et transgression

Pour le Suédois Klinberg, l'inceste frère-sœur est simplement le prolongement des jeux sexuels de l'enfance. Pour Freud, au contraire, l'acte incestueux représente la transgression de l'interdit fondamental, l'interdit par excellence. Et la banalisation que croit observer Klinberg, la relative fréquence de l'acte incestueux que font apparaître des études statistiques comme celle de 1973, ne suppriment pas ce caractère d'interdit.

Quand les hommes accordent aux dieux, ou à leurs rois et à leurs princes, qui touchent aux dieux, le droit de pratiquer l'inceste que les règles d'organisation de la société défendent au commun des mortels, tout se passe comme si l'humanité ordinaire cédait à la divinité et à ceux qui participent de sa nature la coutume à laquelle elle a elle-même renoncé.

Enfreindre le tabou, c'est vouloir s'égaler aux dieux, c'est devenir un de ces héros dont le propre est de dépasser l'humaine condition dans ce qu'elle a de banal, de monotone et de quotidien.

L'inceste frère-sœur n'est cependant pas un inceste comme les autres. Ce n'est pas un inceste qui se proclame et se jette à la face du monde comme un défi. Vu du côté du frère, l'Éros sororal, d'après l'analyse de Roland Barthes, « est toujours l'expression d'un lien ambigu, à la fois sécurité et peur ».

N'est-ce pas là en effet que réside la vérité profonde de l'histoire de Julien et Marguerite de Ravalet ? Sécurité que donne un amour né dès l'enfance, qui se consolide et, contre vents et marées, reste fidèle à lui-même. Peur des autres : peur des études fastidieuses et de l'ennuyeuse prêtrise chez Julien, peur de Lefebvre, de la mesquinerie et de la bassesse de la vie au logis Hautpitois chez Marguerite.

Ceux qui ne voulaient pas grandir

C'est aussi, et de ce fait même, un amour qui se ferme, un amour non viable dans ce qu'est la société humaine, car il est, nous dit encore Roland Barthes, « impuissance à naître, à devenir homme ».

Pourrions-nous imaginer Julien et Marguerite vieillissant paisiblement ensemble, dans la confortble retraite d'une noble demeure, quelque part en France ? Non, leur passion est marquée du sceau de la brièveté, de ce temps interrompu qui est celui de l'aventure et de la folie — et, plus simplement, de la fuite des jours.

Morts à vingt et un ans et dix-sept ans, ils ont, en

bravant l'interdit, gagné le droit, au prix de leur sang, de rester pour l'éternité ces deux jeunes gens que les Parisiens, avec admiration et horreur, ont pu voir passer, le 2 décembre 1603, dans le tombereau des suppliciés, nimbés d'une beauté sur laquelle le temps n'aurait plus de prise.

ORIENTATION BIBLIOGRAPHIQUE

Les archives du procès de Julien et Marguerite de Ravalet sont conservées aux Archives nationales. On les trouve dans le Registre du plumitif de la Tournelle et le Registre des arrêts criminels du Parlement. Les trois témoignages contemporains parvenus jusqu'à nous sont ceux de :

— Pierre de l'Estoile, *Mémoire-journal du règne de Henri IV,* année 1603 ; après l'édition classique de Michaud et Poujoulat en 1837 et celle de G. Brunet en 12 volumes (1875 à 1896), l'édition moderne la plus accessible est celle de R. Lefèvre et A. Martin en 3 volumes, parus de 1948 à 1960, sous l'intitulé *Journal pour le règne de Henri III, de Henri IV et du début de Louis XIII.*

— L'auteur anonyme du *Supplice d'un frère et sœur décapités en Grève pour adultère et inceste,* Paris, chez Philippe du Pré, 1604 ; cette plaquette, devenue rarissime, a été réimprimée en 1892 (Cherbourg, impr. Le Maout).

— François de Rosset, qui rapporte sous des pseudonymes l'affaire Ravalet dans la cinquième histoire de son ouvrage à succès *Les histoires tragiques de notre temps.* Ce livre, dont la première édition connue, celle de Paris en 1619, est conservée à la Bibliothèque nationale, a connu de nombreuses rééditions dans les années suivantes, à Paris et à Lyon. L'histoire des Ravalet a été rééditée à part sous le titre : *Des amours incestueuses d'un frère et d'une sœur et de leur fin malheureuse et tragique,* à Cherbourg, impr. Le Maout, en 1894.

Sur les Ravalet, les sources d'archives sont nombreuses :

— aux Archives nationales, notamment dans les registres de la Chambre des comptes de Paris et le registre des Aveux de Normandie,

— aux Archives départementales de la Manche et de l'Eure,

— dans les Archives municipales de Cherbourg et de Valognes,

— dans les Archives du diocèse de Coutances.

A signaler également, des documents relatifs aux Ravalet dans Jean Pinson de La Martinière, *La connétablie et maréchaussée de France,* publiée en 1661 à Paris.

On trouve par ailleurs dans le Trésor des Chartes, pièces enregistrées à la Chancellerie de France, ainsi que dans l'*Inventaire des Aveux de Normandie* (aux Archives nationales), des renseignements divers concernant les Ravalet.

Les chercheurs et les érudits du XIXe siècle ont publié et utilisé certaines de ces pièces. On les retrouvera notamment dans :

— Augustin Asselin, *Biographie de l'abbé de Tourlaville*, Saint-Lô, 1831 ;

— A. Delalande, *Histoire des guerres de Religion dans la Manche*, publiée à Valognes en 1843 ;

— Comte Théodore Du Moncel, *Le manoir de Tourlaville*, grand in-folio contenant de nombreuses planches originales, édité en 1850 ;

— L. de Pontaumont, *Histoire mystérieuse du château de Tourlaville, près Cherbourg*, Tourlaville, Cherbourg, impr. de Feuardent, 1856.

— L. de Pontaumont, *Les Olim du château de Tourlaville, près Cherbourg*, Mémoire de la société académique de Cherbourg, 1861.

Quelques éléments également dans Léonce de Pontaumont, *Recherches paléographiques sur l'abbé de Hambye, la famille de Ravalet de Tourlaville et la possédée Thérèse de Brye*, ouvrage publié à Bricquebec, impr. L. Mahaut, en 1885.

L'abbé de Hambye fait l'objet d'une notice dans la *Gallia Christiana*.

Sur Jean Lefebvre, les sources se trouvent aux Archives nationales, Inventaire des Aveux de Normandie, aux Archives municipales de Valognes, et dans le rapport sur la *Recherche de la noblesse* dans le ressort de la généralité de Caen établi par l'intendant Chamillart en 1666.

De nombreux ouvrages d'histoire locale intéressent aussi, de façon indirecte, l'affaire Ravalet. On peut notamment consulter avec profit :

— du chanoine Auguste-François Lecanu, l'*Histoire des évêques de Coutances, depuis la fondation de l'évêché jusqu'à nos jours*, publiée à Coutances, impr. J. V. Voisin, en 1830 ;

— du chanoine Lecanu également, l'*Histoire du diocèse de Coutances et d'Avranches depuis les temps les plus reculés*, 2 tomes parus en 1877 et 1878 à Coutances ;

— de L. de Pontaumont, l'*Histoire anecdotique du vieux Cherbourg et de ses environs*, publiée en 1867 à Cherbourg ; à signaler également, du même, les *Documents pour servir à l'histoire de la ville de Cherbourg* (étude non datée) ;

— de l'abbé J. L. Adam, *Le collège de Valognes*, Évreux, impr. de l'Écu, 1899 ;

— de l'éminent archiviste Paul Le Cacheux, *Les Pouillés du diocèse d'Avranches*, étude critique très fouillée, également éditée à Évreux, en 1910 ;

— de l'abbé J. L. Adam à nouveau, *Étude sur la ville de Valognes*, publiée à Valognes en 1912.

Parmi les textes et ouvrages à caractère historique ou littéraire publiés au XIXe siècle sur le procès Ravalet, outre les ouvrages déjà cités plus haut, plusieurs contiennent des développements parfois importants à ce sujet. Citons particulièrement :

— Théophile Gautier qui, après avoir donné au journal *Le Moniteur* en 1858 le récit de la visite effectuée la même année au château de

Tourlaville, a repris, dans le recueil intitulé *Quand on voyage* (publié à Paris, chez Michel Lévy frères, en 1865), cet article devenu le premier chapitre du livre ;
— L. de Pontaumont, *Marguerite de Ravalet et soirées cherbourgeoises*, Cherbourg, impr. A. Mouchel, 1882 ;
— Jules Barbey d'Aurevilly, dont la nouvelle *Une page d'histoire (1603)* paraît chez Lemerre en 1886.

Au xx⁰ siècle, on citera :
— Paul Le Cacheux, avec une bonne mise au point sur « Le procès des Ravalet » parue dans l'*Annuaire de la Manche* en 1911 ;
— bien entendu, le livre de Tancrède Martel, *Julien et Marguerite de Ravalet, 1582-1603*, publié chez Lemerre, à Paris, en 1920 ;
— de Raoul Gain, en 1934, *Autour des Ravalet*, publié à Yvetot, promenade sentimentale agrémentée de dessins originaux de l'auteur ;
— et, naturellement, le roman de Colette Piat, *Julien et Marguerite, les amants maudits de Tourlaville*, Paris, Albin Michel, 1985.

Pour les aspects juridiques, rappelons que les anciennes lois et ordonnances des rois de France ont été rassemblées au xixᵉ siècle dans le monumental *Recueil général* d'Isambert. Aux xviiᵉ et xviiiᵉ siècles, de nombreux juristes, magistrats ou avocats, avaient publié des recueils de lois et d'arrêts, généralement commentés, et plus ou moins régulièrement mis à jour. A côté des lois, les coutumes ont pareillement été compilées et commentées. Dans la vaste production de ce type, quelques ouvrages faisaient plus particulièrement autorité. Nous les avons donc utilisés de préférence. Méritent ainsi d'être signalés :
— de Jean Papon, le *Recueil d'arrêts notables des cours souveraines de France*, dont la première édition est de 1565 (la cinquième édition, revue et augmentée, parue en 1569, présente un grand intérêt) ;
— de Pierre Guénois, la *Conférence des coutumes tant générales que locales et particulières du royaume de France*, publiée en 1596 à Paris, que suit la *Conférence des ordonnances royaux (sic)* de 1607, à son tour remaniée et refondue sous le titre *La grande conférence des ordonnances et édits royaux* avec le concours des meilleurs jurisconsultes du temps, et qui paraît en 1636 à Paris ;
— de Laurent Bouchel, l'un des « réviseurs » de Guénois, *La bibliothèque ou trésor du droit français*, parue en 5 volumes en 1615 ; l'ouvrage, revu et augmenté par les soins de Maître Jean Bechefer, est réédité en 1671 ;
— de Bouvet, prévôt général des armées du roi, *Les manières admirables pour découvrir toutes sortes de crimes et sortilèges, avec l'instruction solide pour bien juger un procès criminel*, publiées en 1659 à Paris ;
— de Hyacinthe de Boniface, deux livres importants : *Questions notables et maximes du droit, tirées de l'usage des textes, du sentiment des docteurs et de la jurisprudence des arrêts*, Grenoble, 1702, et : *Arrêts notables de la Cour du Parlement de Provence, Cour des Comptes, aides et finances du même pays*, Lyon, 1708 ;
— de Barthélemy Auzanet, en 1708 à Paris, l'ouvrage intitulé *Œuvres de M. Barthélemy Auzanet... contenant ses notes sur la Coutume de Paris, ses mémoires, réflexions et arrêts sur les questions les plus importantes de droit et de coutume ;*

— et enfin, de Daniel Jousse, le *Traité de la justice criminelle de France,* paru en 1771 en 4 volumes à Paris.

Sur l'administration française au début du XVIIe siècle, et notamment l'organisation judiciaire, quatre livres importants :

— Claude Morel, *Les armoiries des connétables, grands maîtres, chanceliers, amiraux, maréchaux de France et prévôts de Paris,* Paris, 1628 ;

— P. J. Guyot, *Traité des droits, fonctions, franchises, exemptions, prérogatives et privilèges, annexés en France à chaque dignité, à chaque office, et à chaque état, soit civil, soit militaire, soit ecclésiastique,* Paris, Visse, 1786 ;

— Gustave Morel, *La grande chancellerie royale,* Paris, Picard, 1900 ;

— Marcel Marion, *Dictionnaire des institutions de la France aux XVIIe et XVIIIe siècles,* Paris, Picard, 1923 (réimpression la plus récente : 1984), plus documenté cependant sur la fin du XVIIe siècle et le XVIIIe siècle que sur l'époque d'Henri IV.

On rappellera aussi pour mémoire le Code pénal, dans ses éditions successives depuis le Code Napoléon.

L'affaire Ravalet a fait l'objet d'une analyse à caractère judiciaire de la part de Lucien Lepont, à l'occasion de l'audience solennelle de rentrée de la Cour d'appel de Caen, le 16 septembre 1954 ; cette étude a été publiée sous le titre *Le procès de Julien et Marguerite de Ravalet,* Melun, Imprimerie administrative, 1955.

L'environnement historique des Ravalet est susceptible de lectures sans fin. Parmi les *Mémoires* les plus intéressants pour comprendre la mentalité de cette époque, on indiquera plus particulièrement ceux de Bassompierre publiés sous le titre *Histoire de ma vie* et ceux de Sully parus sous le titre *Les économies royales,* et malheureusement très arrangés par l'auteur. A signaler également les *Tragiques* (1616) et l'*Histoire Universelle* (1619-1620 et 1626) d'Agrippa d'Aubigné, ainsi que l'*Histoire de mon temps* de Jacques-Auguste de Thou (éditée en latin en 1604-1608), ouvrages dont les auteurs sont, comme les précédents, des contemporains des Ravalet.

Les publications relatives à l'histoire générale, à l'époque d'Henri IV, sont nombreuses.

Sur les événements du règne d'Henri IV, les meilleurs mémorialistes sont Pierre de l'Estoile, que nous avons déjà cité, et Palma Cayet (*Chronologie septenaire* et *Chronologie novenaire*). Parmi les histoires du règne publiées au XVIIe siècle, doivent être signalées, malgré les tendances inévitables au panégyrique : P. Matthieu, *Histoire de Henri IV* (1631), et Hardouin de Péréfixe, *Histoire du roi Henri le Grand* (1662).

Deux ouvrages récents constituent de véritables sommes : de Jean-Pierre Babelon, *Henri IV,* paru aux Éditions Fayard en 1982, et d'André Castelot, également un *Henri IV,* publié par la Librairie Académique Perrin en 1986.

Sur l'épouse du Béarnais, nous mentionnerons notre *Marie de Médicis,* paru en 1981 aux Éditions Fayard.

Sur Villeroy, une étude classique de J. Nouaillac, *Villeroy, secrétaire d'État et ministre de Charles IX, Henri III et Henri IV (1543-1610),* Paris, 1908.

Une étude intéressante sur le rôle de Sully : D. J. Buisseret, *Sully and the Growth of Centralized Government in France,* Londres, 1968.

Les démêlés du chancelier Pomponne de Bellièvre avec Villeroy ont fait l'objet d'une analyse approfondie chez E. H. Dickerman, *Bellièvre and Villeroy. Power in France under Henri III and Henri IV*, Providence, 1971.

L'évocation des sites et paysages de la France des années 1600 sera le mieux rendue par les *Antiquités, fondations et singularités des plus célèbres villes, châteaux et places remarquables du royaume de France*, de François Desrues, un compatriote des Ravalet ; la première édition a été publiée en 1605 à Coutances, la seconde en 1608, toujours dans la même ville.

A ne pas manquer, le classique mais toujours fascinant *Tableau de la France en 1614*, de Gabriel Hanotaux, publié à Paris en 1898 (pour les descriptions de Paris et de la Normandie au temps d'Henri IV et de Marie de Médicis).

On pourra, par comparaison, se permettre un saut dans la géographie actuelle du Cotentin avec Armand Frémont, *La Normandie*, dans l'*Atlas et géographie de la France moderne*, chez Flammarion, 1977.

Une bonne synthèse sur les aspects littéraires de l'inceste a été réalisée par Evelyne Fink-Hesse : *Étude sur le thème de l'inceste dans la littérature française*, Berne, Francfort-sur-le-Main, H. Lang, 1971.

Rappelons à cet égard que la *Phèdre* de Racine a été représentée pour la première fois le 1er janvier 1677 par les comédiens de l'Hôtel de Bourgogne à Paris. Le *Racine* de Giraudoux est paru en 1950 chez Grasset. Quant au pénétrant *Sur Racine*, de Roland Barthes, il a été réédité au Seuil en 1979.

Chateaubriand publie *Atala* en 1801, *René* en 1802. *René* est alors inclus dans le *Génie du christianisme*. En 1805, il paraîtra en volume précédé d'*Atala*, tous deux devenant des épisodes détachés de l'immense épopée des *Natchez*, dont la publication s'étendra jusqu'en 1826.

L'interprétation psychanalytique de l'inceste est pratiquement partout présente dans l'œuvre de Freud, notamment dans *Totem et Tabou*, paru à Vienne en 1913 ; le premier des quatre chapitres que comporte ce livre s'intitule : « La peur de l'inceste. » A consulter aussi *Trois essais sur la théorie de la sexualité*, *Métapsychologie*, *Moïse et le monothéisme*.

Deux bonnes synthèses récentes, l'une du docteur Yves Rosier, *L'inceste*, publiée en 1964, l'autre de Herbert Maisch, parue en traduction française sous le même titre *L'inceste* chez R. Laffont, en 1970.

A signaler tout particulièrement l'étude pluridisciplinaire intitulée *L'inceste en milieu rural*, réalisée sous l'égide de l'Association normande de criminologie et éditée à Paris, aux Éditions Vrin, en 1977.

Enfin, pour clôturer cette rapide revue, notons que la première Conférence internationale sur l'inceste vient de se tenir (août 1987) à Zurich.

TABLE DES MATIÈRES

DEUXIÈME PARTIE

DEUX MORTS EN QUESTION

*Achevé d'imprimer en septembre 1987
sur presse CAMERON,
dans les ateliers de la S.E.P.C.
à Saint-Amand-Montrond (Cher)*

Dépôt légal : octobre 1987.
N° d'Éditeur : 789. N° d'Impression : 1376-1000.